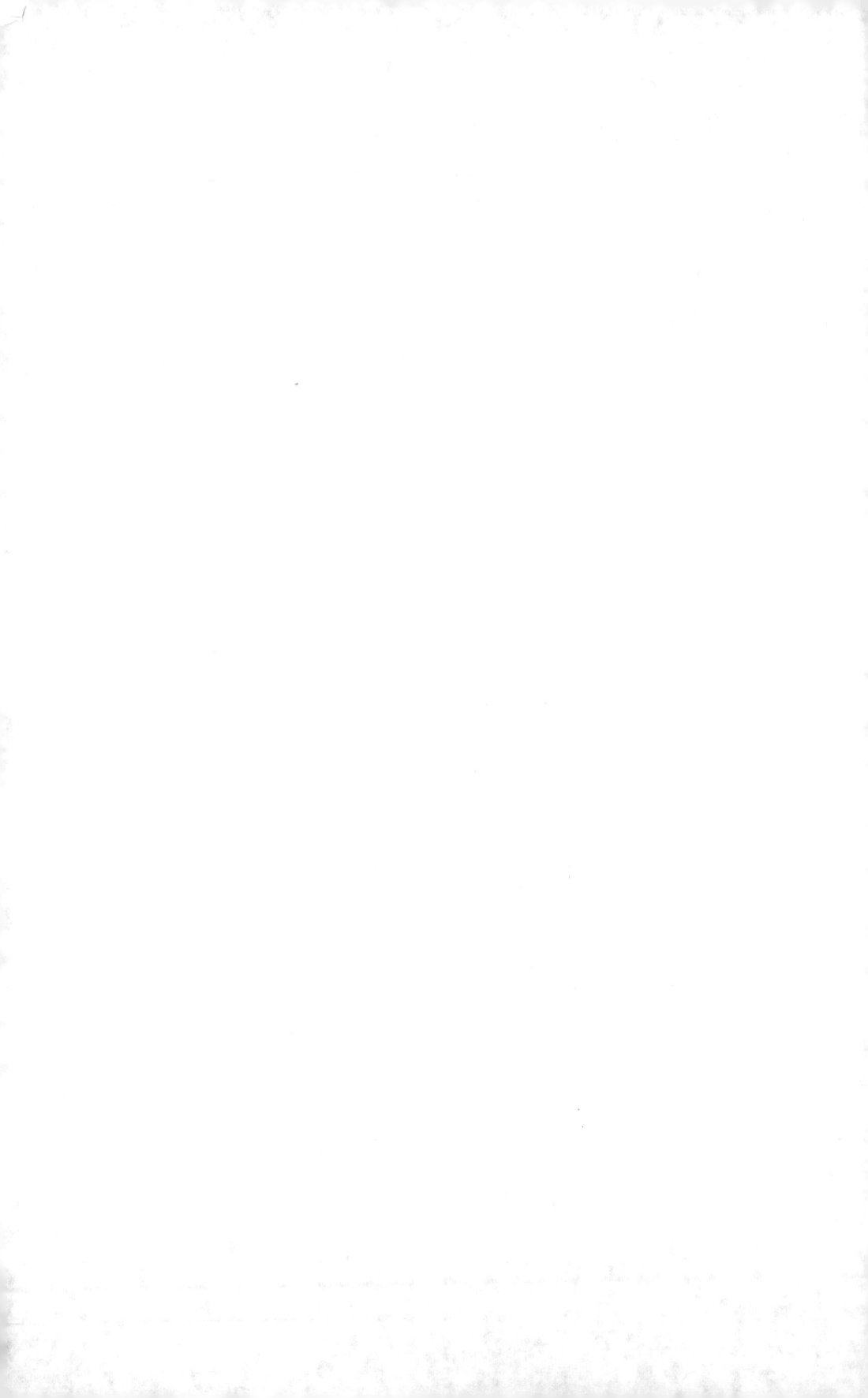

.

LE CÉNACLE

DE LÉONARD DE VINCI

RENDU AUX AMIS DES BEAUX-ARTS.

Le propriétaire du présent ouvrage regarderoit comme provenant d'une contrefaction, tous les exemplaires qui ne seroient pas munis de la présente signature:

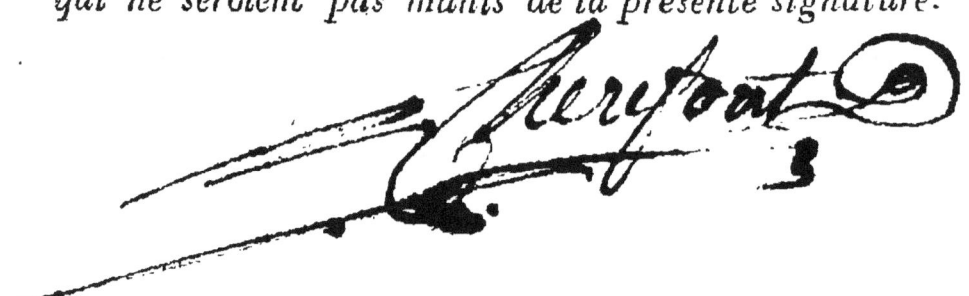

LE CÉNACLE

D E

LÉONARD DE VINCI

RENDU AUX AMIS DES BEAUX-ARTS, DANS LE
TABLEAU QU'ON VOIT AUJOURD'HUI CHEZ UN
CITOYEN DE MILAN, ET QUI ÉTOIT CI-DEVANT
DANS LE RÉFECTOIRE DE L'INSIGNE CHARTREUSE
DE PAVIE.

ESSAI HISTORIQUE ET PSYCOLOGIQUE

*Sur ce fameux Cénacle, considéré, soit dans l'original
que Léonard peignit, à Milan, sur une muraille
du couvent de N. D. delle Grazie, soit dans le
présent tableau.*

Par M. l'abbé A.é GUILLON, docteur en Théo-
logie, et membre de plusieurs académies de Sciences, belles-lettres et arts; auteur de *la Politique
Chrétienne*, de *l'Histoire du Siége de Lyon*, etc.

MILAN,

Chez { Louis Dumolard, libraire, rue des *Borsinart*
N.° 1027.
Ferdinand Artaria, marchand d'estampes, place
du Grand Théâtre.

Et à LYON,
Chez Maire, libraire, rue Merciere, N.° 46.

1811.

In quo suspicere plane libet quae et
quanta fuerit Leonardi praestantia ,
argutaque pingendi navitas , mirabile
ingenium , ac divina prope mens.

(Barth. Senensi; *de Coenaculo*
carthusiano. Senis, 1626)

AVANT - PROPOS.

Le Cénacle de Léonard de Vinci, qui, dans tous les tems, a mérité l'admiration des écrivains comme des artistes, fut, dès les premiers jours de son existence, copié à l'envi par beaucoup de peintres contemporains de son auteur. De toutes les copies qui en furent faites alors, et qui nous restent, la plus recommandable a toujours été celle que possédoient, aux dix-septième et dix-huitième siécles, les chartreux de Pavie, et qui va nous servir à le faire apprécier autant que nos foibles talens pourront nous le permettre. Sa gloire s'associa à celle-là même de l'original; et maintenant qu'il n'existe plus, c'est dans

elle qu'on le retrouve plus véritablement que dans toute autre. Le plus
sûr moyen que nous ayons pour le
bien juger, est de l'étudier dans ce
qu'elle nous en conserve.

Eh ! qu'on ne croye pas que l'o-
pinion que nous professons à cet égard,
soit nouvelle. Totalement indépendante
de ceux qui nous entourent, elle ne
nous a été suggérée que par des juges
déja bien anciens, sur l'esprit desquels
ils ne purent avoir aucune influence.
Depuis son commencement jusqu'à sa
fin, le dix-septième siécle entendit ré-
péter avec l'accent de la persuasion, que
cette copie étoit, parmi toutes les autres ,, le plus fidelle miroir de la sublimité des conceptions de Léonard , comme de la maniere ingénieuse et soignée
de son divin pinceau; et qu'elle avoit
tout autant de mérite et de beauté
que l'original (*) ". Malgré l'espèce

(*) Voyez ci-après, page 25 et 38.

de dédain qu'ensuite, pendant tout le dix-huitième siècle, on lui voua, l'on n'osa point aller jusqu'à démentir ce jugement. Un silence systématique, dont nous chercherons à connoître la cause, fut la seule ressource des ennemis de ce précieux tableau. Nous ne connoissons pas de livre fait pendant cette longue période de temps, qui ait réveillé l'attention publique en sa faveur. Il étoit devenu, même pour le gouvernement d'alors, un objet indifférent, à tel point qu'à la suppression des chartreux de cette maison par l'empereur Joseph II.,en 1798, tout en recommandant la conservation des autres tableaux qui s'y trouvoient, on laissa aux moines la liberté de vendre celui-ci à l'encan, pour un prix très modique. L'adjudicataire fut un particulier de Pavie qui, dans l'intention de le revendre avec bénéfice, l'exposa dans une église de cette ville, où il fut bientôt acheté

par celui qui le possède aujourd'hui.
Un jour plus tard, il l'étoit par des
marchands génois.

La somme que ce nouvel ac-
quereur donna pour l'obtenir, montroit, quoiqu'infinimment au dessous
de sa valeur, qu'il l'avoit en grande
estime. Il s'applaudit d'autant mieux
de cette acquisition, qu'il pouvoit se
flatter d'avoir conservé à son pays
celle des copies qui étoit la plus capable de le dédommager de la perte
déja consommée de l'original, que Milan s'enorgueillissoit encore d'avoir
possédé d'une maniere inaliénable.
Jaloux de faire jouir ses compatriotes
de cette remise en possession du Cénacle de Léonard, ou peut-être pour
faire acheter ce beau tableau, il le
fit exposer à leur vue, parmi les chef-
d'œuvres qu'un très habile professeur
de sculpture, M. Franchi, avoit réunis dans une salle particuliere du Palais des Sciences et arts, dit alors de

Bréra, de laquelle il avoit la jouissance, et où tous les amis des Muses étoient bien accueillis. Mais l'exposition de cette copie déja dégradée produisit peu d'effet ; il n'y eut, pendant les cinq à six années qu'elle fut en cet endroit, qu'un très petit nombre de connoisseurs qui lui rendissent la justice qu'elle méritoit ; et la froideur avec laquelle on finit par l'y voir, gagna le propriétaire lui-même qui, après l'avoir retirée, la confina dans un réduit obscur de son domicile, où elle demeura comme ensevelie.

Ce tableau y seroit probablement encore ; et son délaissement en auroit augmenté la dégradation, en auroit même avancé la ruine, sans le vif regret que nagueres un Prince, zélé pour les arts, est venu ranimer dans tous ceux qui les chérissent, sur la perte du Cénacle *delle Grazie*. La commotion qu'il donnoit à toutes les

ames, par celui qu'il en éprouvoit
lui-même, étoit plus vive sans doute
que celle que les cœurs milanais avoient
ressentie deux siécles auparavant, lorsque le cardinal Frédéric Borromée,
guidé par un motif semblable, ima-
gina de sauver, au moyen d'une
copie incomplette de l'original, le peu
qui s'en voyoit encore alors. Cela devoit être ainsi, puisque le Prince
Vice-Roi, manifestant des idées plus
grandes et plus généreuses que n'a-
voient été celles du Prélat, vouloit,
non seulement qu'il fût fait de cet
admirable modèle une copie entiere,
dans les majestueuses dimensions qu'il
avoit eues ; mais encore procurer au Cénacle de Léonard la durée matérielle
du marbre et de l'airain.

Tandis que, pour remplir ses
vues, un membre distingué de l'académie de peinture de Milan se mettoit à transporter sur une toile nouvelle, ce qu'il pouvoit découvrir de ce

prodigieux chef-d'œuvre, et qu'un fameux artiste en mosaïque préparoit ses matériaux pour reproduire à sa maniere, avec autant d'étendue, la copie entreprise par ce nouveau peintre ; il n'étoit personne qui ne songeât aux anciennes qu'il avoit pu connoître, et notamment à celles qu'il étoit permis de voir encore en Italie (*). Dès-lors le tableau, dont nous parlons, revenoit de lui-même forcer son propriétaire à le tirer de l'oubli où il l'avoit laissé. Des connoisseurs, plus judicieux, ou plus équitables que les précédens, viennent l'examiner, et prononcent qu'il doit nous être aussi précieux que l'original le fut pour nos ancêtres ; ils ajoutent que les têtes, ainsi que beaucoup d'autres parties, leur sem-

---

(*) Elles seront indiquées dans l'*Appendice* qui se trouvera à la fin du présent volume.

bleut évidemment avoir été faites par
Léonard lui-même; eufin que l'on avoit
eu raison, il y a deux siècles, d'écrire
que „ cette copie étoit aussi belle que
l'avoit été le Cénacle *delle Grazie* ".
Quelques admirateurs ont même avancé qu'elle lui étoit supérieure en
bien des parties essentielles; et il faut
convenir que, s'il eut le mérite d'en
être l'original, elle a celui d'une exécution non moins docte et bien mieux
raisonnée. Le desavantage de n'avoir
été faite qu'après lui, est amplement
compensé par les nouvelles idées qu'elle renferme, par la plus rigoureuse
exactitude historique qu'on y remarque, et par les beautés particulieres,
dont la conception primitive s'y trouve enrichie.

Pour en faire juger convenablement, nous ne commencerons pas à
les décrire, sans avoir auparavant
fait l'examen en detail de toutes celles qu'offroit le Cénacle *delle*

Grazie, lorsqu'il étoit dans sa splendeur. Notre attention, ne se bornant point au mérite qu'il tenoit de l'art-pratique des Timante et des Zeuxis porté à sa plus rare perfection, s'attachera principalement à celui qui provenoit de la vaste doctrine de Léonard, de la profonde connoissance qu'il avoit des mystérieux rapports de l'ame avec les mouvemens du corps et le jeu de la physionomie : observations importantes qui paroissent avoir été négligées, ou trop légèrement faites par les nombreux auteurs qui, depuis lui jusqu'à nous, ont parlé de ce merveilleux Cénacle. Les Luc Pacioli, les Cardan, les Arménini, les Vasari, les Giraldi, les Lomazzo, les Bottero, les F. Sansovino, les Scanelli, les Torre, les D'Argenville, les De Piles, les Richardson, les Mariette, etc. etc, ravis de ce que la partie mécanique d'un art qu'ils idolâtroient, avoit produit d'étonnant en ce bel ouvrage, n'avoient pas eu le loisir de s'occuper beaucoup de ce qu'il annonçoit de profondeur dans l'étude de l'histoire, et dans celle du cœur humain. Déja, vers les commencemens du dix-septième siècle, le cardinal Frédéric Borromée s'étoit plaint de la négligence que ceux d'entre ces écrivains qui l'avoient précédé, montrèrent à cet égard (*). Il essaya même de réparer leurs omissions, lorsqu'il parla de ce Cénacle dans son *Museum*; mais les deux pages qu'il y consacra à cet effet, ne pouvoient suffire. La figure du Sauveur, et celles de S. Pierre et de Judas sont les seules qu'il examina en particulier; l'ex-

---

(*) Voy. à la page 128 de ce *Museum*, dans le Tom. VII. de la Collection de Ant. François Gori, intitulée : *Symbolae litterariae opuscula varia. Romae*, 1754. Le cardinal y dit : *De operis autem pretio cùm multi adhuc dixerint, nos tantum id dicimus, quod fortasse alios fugit; affectus nimirum, sive motus animi varios et diversos praecipuam esse gloriam operis hujus.*

pression du mouvement de toutes les autres n'y fut indiquée que d'une maniere vague et générale; en sorte que ces différentes affections de l'ame dont la représentation vraie et touchante constituoit, à son avis même, „ la principale gloire de ce divin Cénacle ", resterent incomplettement expliquées dans sa description. Aucun auteur, depuis lors, n'a suppléé à ce qui y manquoit ; et les amateurs intelligens et sensibles pouvoient se plaindre encore de n'en avoir pas une capable de les satisfaire entiérement.

Cette privation fut vivement sentie par l'immortel abbé Parini, surtout en voyant la copie qui nous a fait prendre la plume, et que, vers la fin de ses jours, il avoit tant de plaisir à contempler dans la salle de son ami Franchi, où elle étoit alors. Deja, plus d'une fois avant cette époque, attiré par ce qu'il avoit entrevu d'ame et de savoir dans le peu

*

de traces qui sembloient survivre à la destruction du Cénacle peint dans le réfectoire *delle Grazie*, il s'y étoit transporté pour en étudier la partie en quelque sorte morale et sentimentale. Mais quand il la retrouva toute entiere dans le tableau dont il s'agit, son admiration devint extrême ; et ce fut alors qu'il cónçut le dessein de composer une dissertation qui pût faire passer dans tous ses lecteurs, les émotions diverses que la vue du miraculeux Cénacle de Léonard lui faisoit éprouver. Mais la mort de cet illustre littérateur vint lui rendre impossible l'exécution d'un si beau projet.

Si l'on nous voit écrire quelques pages analogues à ses intentions, il ne faudra pas croire que, par là, nous ayons prétendu remplacer à cet égard, un homme d'un aussi beau génie. Dussions nous en rougir, nous avouerons que cette particularité de sa vie s'étoit échappée de notre mémoire trop labile, quand nous avons été entraînés par notre sujet à réaliser son plan, sans même le connoître. Cette digression n'est, en nous, que le fruit d'une inspiration née de l'impression vive que l'examen de ce tableau faisoit sur nous, comme autrefois sur Parini. Si nous l'avons ressentie aussi bien que lui, si même nous nous applaudissons de nous être rencontrés avec lui, dans le même dessein, nous ne nous flattons pas de l'avoir rempli avec autant d'érudition, d'élégance et de verve qu'il l'auroit pu faire.

Mais, en accomplissant selon la mesure de nos forces, la tâche qu'il s'étoit imposée, nous ne manquerons point au devoir que la circonstance nous prescrit: celui d'examiner d'abord si le tableau dont il s'agit, tient de l'art pratique de la peinture, et du savoir de son auteur, un mérite qui puisse justifier ceux qui l'estiment à l'égal du Cénacle *delle Grazie*, lorsqu'il étoit dans son état primitif. Passant ensuite de la comparaison des pinceaux à celle des objets représentés, nous rendrons sensibles à tous les yeux les différences avantageuses qui le distinguent. Enfin nous oserons, en nous appuyant sur l'histoire, hazarder quelques conjectures sur les causes qui purent faire entreprendre cette majestueuse copie, la seule qui soit égale en grandeur comme en beauté à l'original; et sur les motifs qui purent déterminar Léonard à y travailler lui-même.

N.B. Si l'on étoit surpris de ce que, dérogeant à l'usage des Français qui disent : *La Cène de Léonard de Vinci*, nous nous servons du mot *Cénacle*, à la maniere des Italiens; nous répondrions que l'expression de ceux-ci nous a paru infiniment plus convenable et plus juste. Le mot *Cène* n'exprime que l'action du repas; et, en parlant de cette belle composition, où tout, jusqu'à l'enceinte de la salle dans laquelle il se fait, est également bien raisonné, on doit se servir de la dénomination qui, en la désignant elle-même, présente à l'esprit la totalité des objets que l'on voit. Ce nom d'ailleurs est celui qu'on lui donnoit dans ses premiers tems. (Voyez ci-après, pages 7, et suivantes).

FAUTES À CORRIGER.

Page 202 lign. 8. *Ajoutez* — Ceux qui croyent qu'il y a une copie à Arezzo, en Toscane, font une erreur du même genre. La Cène qu'on y voit, n'est point celle de Léonard. Si nous ne parlons pas de la copie sur toile, qui s'en trouvoit à Saluces, dans le Piémont, ni de celle sur bois que possède, à Turin, M. Le Pécheux, ci-devant peintre du roi de Sardaigne ; c'est que la première est absolument ruinée, et que l'on est peu d'acord sur les qualités qui pourroient nous rendre la seconde intéressante.

Page 208, lign. 2 — après le mot *Arabesques* ajoutez : elle est d'un peintre allemand, et a été gravée à Milan même, ainsi qu'une autre d'une dimension presqu'égale et à la maniere noire, qui est d'une graveur français, nommé Dagouty.

Page 210, lign. 9 — La vérification qu'enfin nous avons pu faire du passage de M. Guattani dont l'ouvrage nous manquoit, nous apprend que ce littérature romain parle d'une autre gravure qui n'étoit point encore venue à notre connoissance. Nous l'avons découverte : c'est celle de Rainaldi, qu'avec trop de prévention, il vante comme allant de pair avec celle de Morghen. Voici ses expressions : *La morte rapì non ha guari il Rainaldi celebre per la sua Cena di Leonardo a fronte di quella di Morghen* (Voyez le mémoire *Sullo stato attuale delle belle arti in Italia* : Part. II, des *Atti dell'Accadem. Italian.*, à la page 289.)

ESSAI

HISTORIQUE ET PSYCOLOGIQUE

SUR

LE CÉNACLE

DE

LÉONARD DE VINCI.

—

CHAPITRE I.

Mérite extraordinaire de la composition du Cénacle de Léonard de Vinci. Prompte dégradation de celui qu'il peignit dans le réfectoire du couvent delle Grazie. Vains efforts pour le restaurer. Dernier terme de sa ruine au commencement du dix-huitième siècle.

LE Cénacle de Léonard est le seul tableau, où, dans un action qui ne comporte point de mouvemens extrêmes, et qui se passe plus dans l'ame que dans lés gestes, on ait vu tous les personnages, quoiqu'en grand nombre, quoi-

1

qu'égaux par la condition, uniformes dans les habitudes, et se liant tous ensemble à l'action principale par un sentiment qui leur est commun, montrer néanmoins dans la vive part qu'ils y prennent, une variété d'expression qui, analogue au caractère particulier de chacun d'eux, marque précisément le genre et le degré de sa sensibilité personelle.

On a pu connoitre des tableaux où les personnages, en nombre égal et peut être supérieur, exprimoient, soit une affliction ordinaire avec des larmes et de la tristesse; soit des sentimens extrêmes de douleur, de colère, de désespoir, avec une énergie convulsive; car, ainsi que l'a dit un illustre auteur, versé dans les beaux arts, tout peintre habile peut rendre celles des passions dont les signes extérieurs, fortement prononcés, sont faciles à saisir. Mais quel autre que Léonard, a su faire reconnoître en des mouvemens exempts d'exagération, ceux d'une ame tourmentée à la fois par les agitations plus concentrées de la surprise, de la crainte, de la tendresse, du chagrin, de l'inquiétude (1)?

_____

(1) *Neque vero artifex dolorem tantummodo et lacrymas protulit quod quilibet fortasse alius faceret, sed in membrorum motu descriptos animi sensus ostendit,*

Si l'on a pu trouver quelques-uns de ces sentimens admirablement rendus en certains tableaux des autres grands maîtres, ce n'a été
que sur très peu de figures; et la variété que
ces tableaux présentoient, provenoit seulement,
ou de la diversité des actions qui s'y trouvoient
réunies, ou du partage des personnages en
acteurs et en témoins, ou enfin d'un adroit
rapprochement des contrastes.

Elle n'eut donc jamais son égale cette
majesteuse et sublime production du plus grand
peintre qui ait existé (1); de celui qui, par
elle, transporta tout-à-coup l'art de la peinture

---

ita ut tabulam hanc collustranti oculis personent aures
apostolorum vocibus quas inter se contulere postquam
etc. (Le Cardinal Frédéric Borromée dans son *Mu-*
seum. Voyez la Collection de Gori : *Symbolae lit-*
terariae opuscula varia. Romae 1754 Tom. VII,
pag. 128.)

(1) „ Bisogna confessare, che questo celebre
„ Pittore (per quelle precisioni, quelle minuzie,
„ quella verità di caratteri, quella imitazione per-
„ fetta della natura) è molto superiore agli altri
„ tutti, in ispecie se si considera che egli è il primo,
„ che si sia formata una maniera sulla natura. "
(*Lettere sulla Pittura* ec. *Roma* 1757 Tom. II,
Lettera 84, pag. 176.)

de l'état d'enfance où il étoit retombé, jusqu'au plus haut point de sa grandeur et de sa gloire (1); de celui qui, le premier sut dévoiler avec le pinceau les secrets d'une ame profondement émue, et le mystérieux conflict des passions auxquelles elle est en proie (2); de celui enfin sans lequel Michel-Ange et Raphaël n'auroient pu se rendre dignes de l'immense rennommée dont ils jouissent. C'est à lui qu'ils en sont redevables du moins en partie, puisqu'ils ne commencerent à devenir grands que par l'essor que ses ouvrages imprimerent à leur génie (3). C'est de lui en effet que le premier apprit cette fière maniere de dessiner qui étonne, et que le second emprunta ces graces presque divines par lesquelles il nous enchante (1). Et néanmoins celui-ci avec ses airs de

---

(1) „ Che ha cavata la pittura da quella langui-
„ dezza, dove l' aveva sommersa la barbarie de'
„ secoli precedenti. (*ibid.* pag. 176.)

(2) „ *Lettere sulla pittura* ec. tom. II pag. 182
„ 183 etc. “

(3) „ Michelagnolo e Raffelle gli sono obbligati
„ d' una parte della loro gloria, poichè hanno
„ cominciato a diventar grand' uomini sulle sue
„ opere. “ (*Ibid.* pag. 193 e 194.)

(1) „ Michelagnolo si appropriò quella sua

tête charmans, ses mouvemens admirables , son coloris délicieux, ne put encore atteindre à ce grand modéle : „ Léonard, dit Vasari, resta toujours en cela supérieur à tous les autres peintres, et même à Raphaël (1) „.

Son cénacle *delle Grazie* , qui, peint comme on le sait en 1496 et 1497, parut

---

„ maniera terribile di disegnare; Raffaello ha preso „ da lui quella grazia quasi divina , che guadaga „ i cuori, e che Leonardo spargeva cotanto gra- „ ziosamente sopra i volti “ (*ibid.* pag. 193 e 194.)

(1) „ Leonardo nell'arie di testa, così di maschj, „ come di femmine, ebbe non pari ; e nel dar „ grazia alle figure, e nei moti superò tutti gli „ altri pittori . . . Rafaello cercò quanto seppe o „ potè il più d'imitare la maniera d'esso Leonardo; „ ma per diligenza o studio che facesse, in alcune „ difficoltà non potè mai passare Leonardo ; e „ sebbene pare a molti ch'egli lo passasse nella „ dolcezza e in una certa facilità naturale, egli „ nondimeno non gli fu punto superiore in un certo „ fondamento terribile di concetti e grandezza „ d'arte, nel che pochi sono stati pari a Leonardo. „ Ma Rafaello se gli è avvicinato bene più che „ nessun altro pittore, e massimamente nella grazia „ de' colori. “ (Vasari : *Vita di Rafaello da Urbino.* Tom. V. de l'edition de Sienne 1792 pag. 312 et 313.)

dès-lors un miracle de l'art, n'a pu cesser d'être
regardé comme tel (1) ; les chef-d'œuvres
prodigieux des Raphaël et des Michel-Ange
n'en ont point éclipsé la gloire ; et il s'est main-
tenu dans l'honorable primauté qu'il méritoit,
non seulement à raison des temps où il avoit
été peint, mais encore par la sublimité de sa
composition, la magnifique harmonie des nombreux objets dont il se compose, et l'art infini
avec lequel ils y sont représentés (2). Il y a
plus ; sa primitive réputation, en s'affermissant,
et même en s'augmentant à mesure que les
siècles suivans reconnoissoient dans leurs épreu-
ves successives qu'il étoit impossible de produire rien de comparable à cet ouvrage dès-lors
appelé divin, le dédommageoit de plus en plus

---

(1) „ Quest'opera fu riguardata come un miracolo dell'arte. " (*Lettere sulla Pittura* Tom. II,
pag. 185.)

(1) „ Pittura a cui per il tempo che fu fatta,
„ per l'espressione sublime degli affetti, anzi per i
„ numeri tutti dell'arte compete il primato sopra
„ ogni altra ". (*Inscription qui se lit au bas de la plus
ancienne gravure qui se soit faite du Cénacle de Léonard:* (Voyez , *Relazione genuina del Cenacolo insigne
dipinto da Leonardo ec.* par le P. Pino , dominicain :
Milan 1796 pag. 21.

de sa ruine trop hâtive, si bien qu'aujourd'hui qu'il n'est plus, il tient encore le premier rang parmi les chef-d'œuvres de la peinture, et que l'on court au couvent *delle Grazie* pour l'y admirer comme si on l'y voyoit encore (1).

Eh! certes, n'avons nous pas raison d'accuser le temps d'avoir été à son égard trop hâtif dans ses ravages? On diroit que, jaloux de la gloire de cette merveille, il jura de commencer à la détruire à l'instant même où elle vit le jour, car, en moins d'un demi siècle, il en eut tellement avancé la ruine que, lorsqu'Arménini vint à Milan exprès pour ~~voir cette belle peinture~~, quarante cinq ans après qu'elle eut été faite, il la trouva *à demi gâtée* (1).

La dégradation s'accéléroit avec une telle rapidité que ce bel ouvrage, lorsqu'en 1566, Vasari vint pour le voir, étoit, comme il le raconte lui-même, „réduit à un si pitoyable

---

(1) „Di cui la fama si mantiene nel suo vigore, „ benchè questa non sussista più da molti anni. " (*Lettera sulla Pittura* ec. Tom. II pag. 183.)

(2) „Vidi nel refettorio delle Grazie di Milano „ ad oglio dipinto il Cenacolo di Lionardo da Vinci „ mezzo guasto, benchè bellissimo. (Armenini: „ *Precetti della pittura*, capit. *del dipingere i re-* „ *fettorj*).

état qu'il n'offroit plus aux régards qu'une tache confuse (1). „ Jean Paul Lomazzo, peintre milanais, avouoit, en 1590, que la peinture alors presqu'entiérement détachée de la muraille tomboit en lambeaux (2). On approchoit du moment où sa ruine totale alloit être consommée quand, peu d'années après Lomazzo, le cardinal Frédéric Borromée crut nécessaire de chercher à se dédommager de cette perte par une copie qui conservât du moins ce qu'on pouvoit appercevoir encore de cet admirable Cénacle. Quoiqu'il fît choix pour cet effet du peintre le plus capable de remplir ses intentions, celui-ci d'abord jugea l'entreprise inexécutable „ parceque, dit-il, plusieurs parties de la peinture etoient tombées en larges croutes, que les figures étoient effacées et presque détruites. „. — " La réponse décourageante de l'artiste fit évanouir mon premier espoir, ajoute le Prélat, je me bornai à ne lui demander que la copie de quelques têtes qui se voyoient

_____

(1) *Vasari*. Edition de' *Giunti* 1568. tom. 3, partie 3, page 558.

(2) „ Quasi tutta l'opera si è spiccata dal mu- „ ro, (J. Paolo Lomazzo : *Idea del tempio della* „ *Pittura* pag. 13) ".

encore; il m'obéit, et après qu'il en eut fait deux ou trois d'une maniere qui désavouoit le découragement que précédemment il avoit montré, mes espérances se ranimerent; j'insistai pour obtenir davantage. Il continua; mais ce ne fut qu'avec beaucoup de temps, de peine, de patience, de travail, et en luttant courageusement contre des dégoûts sans cesse renaissans, notamment contre l'obstacle que présentoit une toile qu'il falloit peindre par morceaux détachés de maniere à pouvoir les rapporter l'un à l'autre, que le peintre conduisit sa copie au point où elle est (1) „,, c'est

(1) *Cum ego infidum tanto operi parietem, excidentesque crustas inspexissem, desiderio ex arte conservandi operis, si qua humana ope id assequi possem, ac supra ea re probatum mihi pictorem appellavi. Is pleno desperationis sermone corruptas et evanidas, dilapsasque figuras arguendo, spem primam meam infregit; deinde monitus, ut capita saltem non nulla apostolorum, quae adhuc extarent, exprimere ne cunctaretur, postquam id fecerat, duoque vel tria capita comparuere, sic desperatione damnata sua, spes mea ultro crevere. Ita lente, et laboriose, et magno omnium taedio per temporum intervalla opus est absolutum quale jam extat; argumentaque difficultatum istarum esse potest hoc ipsum, quod non*

à dire à une représentation assez heureuse d'une portion importante il est vrai, de ce Cénacle, mais non de sa totalité. Les personnages n'y sont qu'en buste; leurs jambes, leurs pieds, ni la partie supérieure de la salle ne se retrouvent point dans cette copie. Cependant, malgré ce qu'il lui manquoit pour tenir lieu de l'original, elle fut prise en grande estime, surtout parceque, suivant le témoignage d'un auteur Siennois qui le vit à la même époque, il ne laissoit presque plus rien appercevoir de sa beauté primitive (1).

On ne pouvoit croire cependant encore, dans les contrées de l'Italie qui se trouvent éloignées, que la destruction du Cénacle *delle Grazie* fut arrivée à ce point affli-

---

lintei unius continuato tenore, sed separatis, interpolatisque linteis haec triclinii exempla continentur. (Le card. Fréd. Borromée dans son *Museum*, édition de Gori, déjà indiquée : tom. VII. page 127).

(1) *Tanti viri* (Leonardi) *opus admirandum, cujus elegantia et pulchritudine vix, aegreque jam nunc vitiante pariete, perfrui licet.* (De Vita et moribus B. Stephani Maronis etc. Libri V. *autore Bartholomeo Senensi* 1626, *Lib. II. ch.* 16 pag. 226).

geant. Malgré ce qu'Arménini en avoit fait pressentir un siécle auparavant, Scanelli se flattoit, en 1642, qu'il pourroit voir quelques beaux restes d'un ouvrage aussi célébre. Il vient à Milan dans cette espérance, court aussitot au réfectoire des dominicains ; écoutons le parler lui-même de ce qu'il vit. „ Je demeurai stupéfait, dit-il, parce que l'on n'appercevoit plus que quelques traces légères et interrompues des diverses figures. Les suintemens de la muraille se mêlant à ces vestiges altérés, formoient avec eux une confusion qui ne permettoit pas même de reconnoître le sujet de ce beau morceau de peinture. En regardant cet œuvre jadis si admirable, et deja tout-à-fait nul pour les artistes, la seule ressource qui restoit pour en juger, se réduisoit à croire, sur la foi des traditions, qu'il avoit mérité dans l'origine la haute réputation dont il jouissoit encore (1) ".

---

(1) „ Posso attestare che in riguardo d'in-
„ contro inaspettato mi restasse il gusto in estremo
„ instupidito , scoprendo opera tale non conservare
„ che poche vestigia nelle figure , e con modo così
„ confuso , che a gran fatica poteva distinguere
„ la già stata istoria ; ... e le figure per lo più dal

La consommation de son anéantissement total parut si prochaine à cet auteur que, lorsqu'en 1657, il publia son *Microscomo della pittura*, il n'hésitoit pas à dire qu'il étoit persuadé qu'alors " il ne restoit absolument plus rien des têtes, des pieds, des mains, des autres parties nues, des clairs-livides et des demi teintes que, quinze ans auparavant, il avoit déja vu presqu'entiérement anéanties (1).„

Si l'on vouloit savoir ici quelles causes avoient pu produire, dans l'espace de 160 ans, cette ruine si rapide que le milieu du dix-septième siecle voyoit consommée, nous répondrions avec Lomazzo qu'elle provenoit, non précisement de la peinture à l'huile que Léonard avoit employée, mais surtout de

---

„ muro divise, ed in parte fatte oltremodo oscu-
„ re, davano a conoscere le buone reliquie di un'
„ opera già resa inutile, non restando al riguar-
„ dante ormai che il credere alla buona fama del
„ passato. (Francesco Scanelli : *Microscomo della*
„ *Pittura*. L. II. c. 6) ".

(1) „ E le teste, come mani, piedi, ed al-
„ tre parti ignude con chiari lividi e mezze tin-
„ te, trovai quasi affatto annichilate; ed al pre-
„ sente stimo non siano che del tutto estinte (idem
„ *ibid.*)".

l'espèce d'enduit dont il avoit auparavant couvert le mur, et qui n'étoit pas fait pour elle
(1). Que si l'on nous demande ensuite pourquoi Léonard ne peignit pas à fresque, suivant que cet enduit paroissoit l'exiger ; nous
ne croirons pas devoir être de l'avis de Mariette qui, prenant pour une régle adoptée
par ce grand homme ce qu'un auteur voisin
de son temps ne raconte que comme un fait,
savoir que Léonard ne s'adonna point à la
peinture à fresque (2), prétend qu'à raison
de la promptitude qu'elle exige, elle ne pouvoit s'accorder avec la lenteur que les soins
de cet artiste pour atteindre à la perfection
lui devoient faire mettre en son travail (3).
Nous pensons plus volontiers que ce fut
contre son gré, et pour obeïr au duc Ludovic le More, par l'ordre duquel il avoit
entrepris ce Cénacle, qu'il le peignit à
l'huile, ainsi que les deux figures du duc

---

(2) „ Che è guasta per l'imprematura ch'e-
„ gli gli diede sotto (J. P. Lomazzo: *Idea del*
„ *tempio della pittura* Ch. 13).

(2) „ Paolo Pino : *Dialogo di pittura*; Ve-
„ nezia 1548 “.

(3) „ *Lettere su la pittura* etc. Tom. II Lett.
„ 84 pag. 177 “.

et de la duchesse que ce prince voulut impérieusement qu'il fît de cette maniere, et
contre sa propre volonté, sur une autre muraille du même réfectoire, comme l'a raconté,
il y a deux siecles, le P. Jérome Gattico
dans son histoire encore manuscrite du couvent *delle Grazie* (1). Cette opinion, d'ailleurs
conforme à ce que nous savons des disposi-
tions extraordinaires de ce grand peintre pour
tous les genres comme pour tous les arts (2),

---

(1) ,, Ed egli contro suo volere la fece, per-
,, chè così onninamente volle il Duca. Voy. *Rela-*
,, *zione genuina del Cenacolo*, par le P. Domi-
,, nique Pino pag. 27 ,,.

(2) On sait que Léonard excelloit non seulement dans la peinture, mais encore dans la
sculpture, dans l'architecture, dans la géométrie, dans la mécanique, dans l'hydraulique,
dans la poésie, dans la musique. La Statue éque-
stre de François Sforce qu'il exécuta réellement
en bronze, comme en fait foi son contemporain,
Luc Pacioli, prouve son talent éminent en sculpture. Le projet qu'il fit pour élever le temple de
S. Jean à Florence, et quelques edifices encore
subsistans, montrent qu'il étoit excellent archi-
tecte. Ses écrits rendent témoignage de ses connoissances en géométrie. Son plan pour conduire
l'Arno par un canal de Pise à Florence, ses nom-

sémble confirmée par un passage de Lomazzo où il dit que Leonard, ayant laissé l'u-
sage de la détrempe, passa à l'emploi de l'huile,

---

breux dessins de moulins et de foulons, ses travaux
pour le canal qui conduit les eaux du *Naviglio* de
la Martesana depuis l'Adda jusqu'à Milan, et autres
du même genre dans le milanais, attestent sa
grande intelligence en fait d'hydraulique. Ses talens
en mécanique sont connus par ses modéles de ma-
chines propres à percer des montagnes, à soulever
et à tirer des poids énormes. Lorsqu'il alloit à Rome avec le duc Julien de Médicis pour l'instal-
lation du frere de celui-ci sur la chaire papale,
il s'amusoit en route à faire avec de la cire des
oiseaux vides qui, par le moyen de l'air qu'il y
introduisoit, se mettoient à voler. Entre autres
figures ingénieuses de la même espèce qu'il fit en
s'amusant, il y avoit au lézard qui, par le moyen du vif argent, se mouvoit de maniere à faire
peur à ceux auxquels il le montroit. ,, Personne,
dit Vasari de qui nous avons emprunté ces détails,
pérsonne ne composoit et ne récitoit mieux que lui
des vers improvisés; et quand il étoit venu à Milan
sur l'invitation du Prince Ludovic le More qui aimoit
fort la musique, ç'avoit été pour lui faire entendre
le son d'une lyre qu'il avoit inventée et dont il jouoit
à merveille. Il surpassa, dans cette occasion, tous les
musiciens qui voulurent concourir avec lui. ,,

avec la précaution toutefois de la rendre auparavant aussi fluide , aussi limpide que l'eau , par le moyen des alembics (1).

Quoi qu'il en soit des causes de la dégradation extrèmement rapide de ce beau Cénacle (1), il reste démontré que, vers la fin du dix septième siècle, il étoit commé entièrement détruit, et qu'on ne pouvoit plus espérer qu'un peintre en pût faire une copie, ni le réparer sans substituer son propre coloris, et même son propre dessin au dessin et au coloris de Léonard; et c'est ce que fit ce Michel Ange Belloti par qui les dominicains prétendirent le faire restaurer, en 1726. S'ils eussent avoué que

---

(1) ,, Lasciato l' uso della tempera, passò al- ,, l' olio , il quale usava di assottigliar con i lam- ,, bichi (J. P. Lomazzo. *Idea del tempio della* ,, *pittura* , ch. 13) ·ᶜ.

(2) Ce qui vient d'être dit sur les progrés et les causes de cette dégradation, suffit pour détruire la fausse anecdote que M. A. E. Pfeffer a répétée , d'après M. de Piles, dans le *Moniteur de l' Empire Français*, du 19 août dernier, savoir que les dominicains choqués de l'immense tache que les restes altérés de leur Cénacle formoient sur la muraille de leur réfectoire, le firent couvrir d'une couche de chaux; qu'ensuite un anglais,

le Cénacle de Léonard n'existoit plus sur la
muraille de leur réfectoire, ils n'auroient pu
raisonnablement ordonner cette prétendue restauration qui ne pouvoit absolument point le
faire revivre. Se faisant illusion sur sa ruine
totale et irréparable, ils ne vouloient point
passer pour l'avoir réellement perdu ; et Belloti,
qui cherchoit à travailler, devoit flatter cette
erreur volontaire de leur vanité. Ce fut pour
cela que, supposant aussi lui-même, contre toute
évidence, que l'ouvrage de Léonard existoit
encore sous ces taches obscures qui couvroient
la muraille, il assura que seulement avec une
liqueur dont il avoit le secret, il les feroit
disparoître, et que cela suffiroit pour qu'on
pût voir la peinture de Léonard dans sa premiere beauté. Mais aucun des écrivains qui ont

qui étoit venu pour voir la peinture de Léonard,
s'étant indigné de cet attentat, avoit fait enlever
à ses frais cette couche perfide ; et que le Cénacle
alors s'étoit retrouvé dans son intégrité primitive,
sans autres dégats que ceux bien légers que les
ouvriers y avoient faits en exécutant les ordres
de l'anglais. Le ridicule ainsi que la fausseté de
ces suppositions a déja été victorieusement démon-
trée par nous, dans le *Giornale Italiano* du 9
octobre 1810.

parlé de la restauration faite par Belloti, n'a cru
que son mystérieux lavage avoit suffi pour opérer le résultat qu'elle eut. Le dominicain Pino
lui-même avoue qu'un de ses confreres, octogé-
naire, lui a raconté que ce peintre avoit
retouché quelques parties. Il est vrai que cet
aveu est modifié par la supposition invraisem-
blable que Belloti s'etoit borné à des pointillages
de pinceau dans les endroits où la couleur étoit
enlevée, comme si ces endroits n'étoient que
des points à peu-près imperceptibles (1). Bien
plus judicieux et plus franc, l'auteur de la *Nuo-*
va Guida di Milano étoit convenu en 1787,
que Belloti repeignit le Cénacle, après l'avoir
en vain lavé avec son eau, dont au surplus
il auroit pu reconnoître l'inutilité, dans cette
occasion, avant d'en faire l'épreuve. Puisque
deja quatre vingt quatre ans auparavant, suivant le rapport de Scanelli, il ne restoit presque plus rien des têtes, des mains, des
clairs livides, des demi teintes; que la partie de cette peinture qui n'étoit pas tombée
par écailles, se trouvant imprégnée des suin-

---

(1) „ *Relazione genuina del Cenacolo ec.* 1796
„ pag. 47 ".

temens nitreux du mur, ne présentoit plus
alors qu'une obscure confusion de couleurs
dénaturées; puisqu'en un mot on ne retrou-
voit plus le Cénacle de Léonard dans le réfectoire des dominicains, Belloti ne pouvoit
leur en donner cun qu'en le peignant lui-même
de nouveau, et même en dessinant à sa
manière les choses dont il ne restoit plus
aucun trait: ce qui est démontré par les
grossieres incorrections de dessin et de peinture
qu'on voit encore dans ce qui subsiste (1);
car ces incorrections ne peuvent être imputées
au grand Léonard, ni même à cet autre
peintre qui vint, en 1770, faire une nouvelle
restauration du Cénacle. Les traces sur

---

(1) Les gens de l'art ont déja fait observer
sans nous que l'épaule gauche de S. Jean est beaucoup trop étroite, et le fait paroître sans clavicule
de ce coté; que la main gauche de Judas est hors
de perspective; que le caractere du visage de S.
Pierre est manqué; que les plis des draperies ne
font autre chose que les fagotter. Tous ces défauts
ne sont certainement pas de Léonard qui étoit
si instruit en anatomie, si savant en perspective,
si profond en physionomie, et si parfait dans
l'art d'ajuster les draperies.

lesquelles il travailla ne pouvoient être que celles de Belloti, qu'il lui étoit plus naturel de suivre que de corriger, tandis que son prédécesseur n'avoit gueres eu pour guide que son médiocre talent. Mais enfin, comme avec des couleurs fraiches Belloti fit voir quelque chose d'analogue au Cénacle de Léonard où précédemment il n'y avoit qu'un sombre chaos de teintes noirâtres et de portions de mur obscurcies, les dominicains furent enchantés, et donnerent pour récompense à ce restaurateur cinq cens livres milanaises. Afin de perpétuer l'erreur que son eau avoit tout opéré, et que par conséquent c'étoit le vrai et seul Cénacle de Léonard qu'on voyoit, ils publierent et consignerent dans leurs régîtres que ce peintre, dans le transport de sa reconnoîssance pour avoir été si bien payé de son lavage, leur avoit généreusement communiqué son secret avec lequel ils pourroient eux-mêmes, dans le cas où cela redeviendroit nécessaire, faire tout ce qu'il venoit d'exécuter (1).

-----

(1) Le P. Monti, consigna ces particularités en un écrit qu'on mit dans les archives du

Le fabuleux de cette histoire se trouva bientôt dévoilé par l'impuissance où furent ces religieux d'empêcher que le Cénacle de Belloti n'éprouvât le même sort que la peinture de Léonard. Quarante quatre ans après, il se trouva si dégradé, sans que l'eau mystérieuse eut pu rien faire en sa faveur, qu'on appela une nouveau peintre pour le restaurer. Celui-ci sans déguiser son procédé, se mit à repeindre, parceque l'état des choses lui paroîssoit l'exiger, et qu'en cela il ne faisoit que ce que Belloti avoit fait lui même. Mais cette franchise alloit trop rendre notoire qu'on ne possédoit plus le Cénacle de Léonard; un prieur qui entra en charge pendant le travail de cet artiste, le taxa de témérité, renversa ses échaffandages, et le congédia au moment où il commençoit à porter sur les quatre dernieres figures à la gauche de J. C.,

---

couvent. Il finit sa relation par dire : ,, Fu da' ,, medesimi Priore e Religiosi conosciuta la ,, fatica di quell' eccellente dipintore, avendo ,, ad esso lui regalata, come si ha dai libri del ,, medesimo convento, la somma di lire 500 ,, milanesi; ed il signor Bellotti con molta finezza ,, comunicò a' Padri per ogni evento il segreto.

22

le pinceau qu'il avoit déja promené sur toutes les autres. Ce nouveau prieur avoit l'air de croire que le restaurateur couvroit celles que Léonard avoit faites, tandis qu'il ne repeignoit effectivement que l'ouvrage de Belloti. On se moqua de ceux d'entre les moines à qui son travail plaisoit (1), et qui, certes, n'étoient pas plus déraisonnables que ceux de leurs devanciers qui avoient pu croire que son prédécesseur n'avoit pas substitué sa peinture à celle de Léonard. Il reste donc bien avéré que, vers la fin du dix-huitieme siécle, par l'effet des restaurations, comme par celui des ravages du temps, il ne pouvoit presque plus rien y avoir du pinceau de Léonard dans le Cénacle du réfectoire *delle Grazie.*

(1) „ A chi non intendevasi di pittura , poichè „ vedeva spiccare più colorite e più vivide le fi- „ gure, non dispiaceva a principio il travaglio. „ (Le P. Pino : *Relazione genuina del Cenacolo* ec. pag. 55.)

CHAPITRE II.

Le Cénacle de Léonard dans la Chartreuse de Pavie. Incertitude de la tradition relative à ce tableau. Indifférence des Milanais à son égard pendant le dix-huitième siècle : commencement de sa réhabilitation dans leur estime à l'époque de la suppression des dominicains.

CE zèle ambitieux que les dominicains avoient montré, en 1726, pour la restauration de leur Cénacle déja détruit ; leur joie de la prétendue réussite qu'elle avoit eue; et plus encore leurs vanteries dans le monde à ce sujet, avoient établi l'opinion fallacieuse que l'ouvrage de Léonard s'étoit conservé en entier dans leur couvent ; que s'il y eut péri, l'on n'auroit trouvé nulle part une copie capable d'en donner une idée digne de lui ; et par conséquent que le Cénacle repeint par Belloti devoit faire oublier les meilleures copies du grand oeuvre de Léonard. Ils n'ignoroient pas cependant que, dans la chartreuse de Pavie, il en étoit une qui, faite presqu'en

même temps que lui, avoit obtenu une gloire
que la sienne n'avoit pu éclipser. La prétention
qu'ils avoient d'être les seuls à qui il appartenoit de le faire connoître dans son originalité
aux siècles à venir, avoit été singuliérement
aiguillonnée par celle bien plus légitime que
depuis un siècle, cette copie là-même avoit
annoncé d'avoir à ce privilége. Cent ans
précisément avant la restauration commandée
à Belloti, un religieux de la chartreuse de
Florence qui avoit vu dans celle de Pavie le
tableau dont nous parlons, avoit dit ingénu-
ment dans un livre imprimé: ,, je ne sais
si la postérité ne devra pas plus d'actions
de graces à mes confreres pour avoir conservé, par le moyen de leur excellente copie,
le Cénacle de Léonard, qu'aux dominicains
sans qui on pourroit croire qu'il n'auroit
jamais existé, puisqu'il a péri chez eux.
Dans la chartreuse du moins, un local plus
favorablement disposé, des soins mieux enten-
dus l'ont préservé des injures du temps; et
ce sera dans le tableau des chartreux que
les générations futures viendront apprendre
quelle fut la supériorité de Léonard, combien
son génie étoit sublime, et sa maniere de

peindre au dessus de toutes les autres par sa vérité et son exactitude (1) ,, .

Il n'y avoit certes pas trop de présomption dans ce langage , puisque le tableau qui est devant nos yeux émerveillés , est celui-là même dont ce religieux parloit il y a près de deux cent ans ; et que les soins qu'on lui donne , et sa réputation qu'il aggrandit , ne

---

(1) *Quod exemplum mihi contemplanti in mentem subinde veniebat , utrum majorem posteritas gratiam Dominicanis sodalibus esset habitura , qui pulcherrimum illud , omniumque primum exemplar suum intra tryclinium pingendum a praestantissimo viro jam inde curarunt , an cartusianis monachis , qui ex eo hoc ipsum quar scitissime effingi jussere , ne tanti viri opus admirandum temporis injuria , locique gravitate prorsus interiret , cujus elegantia , et pulchritudine vix , aegreque jam vitiante pariete , perfrui licet. Contravero nostrum certo salubrique constitutum loco in aevum pene posteri ob oculos habebunt propositum. In quo suspicere plane libet quae et quanta fuerit Leonardi praestantia , argutaque pingendi navitas , quodque mirabile ingenium , ac divina prope mens etc.* (De vita et moribus *B. Stefhani Maconis* Senensis cartusiani Ticinensis cartusiae etc. Libri V. autore D. Bartholomeo Senensi Cartusiae Florentinae monacho. Senis 1626.)

peuvent que le faire parvenir avec elle jusqu'aux siécles les plus reculés. Mais, tout
judicieux qu'étoit l'auteur de cette espèce de
prophétie, le fut-il autant lorsqu'il dit que
cette belle copie du Cénacle *delle Grazie*
„ avoit été faite par l'ordre et pour le réfectoire des chartreux de Pavie ?„ En cela, il
n'etoit que l'aveugle écho d'une tradition dont
il va devenir évident que la source n'est du
tout point authentique. Baldinucci qui, cinquante ans après ce moine, vint parler de la
même copie, adopta non moins aveuglément
la même erreur; et sans discuter aucunement
ce qu'il affirmoit, il la transmit jusqu'à nous.
Il dit, dans son *histoire des Peintres*, à
propos de *Marco da Oggiono*, ou *Marc
d'Uglone*, que „ des religieux de la chartreuse de Pavie étant venus à Milan pour
les affaires de leur communauté, et y ayant
été ravis d'admiration à la vue du Cénacle
des dominicains, ils chargerent ce disciple
de Léonard d'en faire une copie pour leur
réfectoire ; et que c'etoit celle-là même qu'on
y voyoit de son temps ".

Sans doute il est incontestable, par la
maniere dont ce tableau est peint, qu'il se
rattache à celle de Léonard, ainsi qu'aux

tems où il vécut. Mais il ne l'est pas moins
que ce chef d'œuvre n'a pas été fait pour
les chartreux; car ils n'auroient pu le de-
-mander, et l'on suppose en effet qu'ils ne
le demanderent que pour leur réfectoire. Or,
s'il avoit eu cette destination quand il fut
entrepris, le peintre auroit donné à sa toile
les dimensions de la place qu'il y devoit occuper. Ce *Marco da Oggiono* surtout, a
qui on l'attribue, n'auroit pas manqué dans
cette occasion de faire ce qu'il fit quand il
lui fallut copier sur la petite table en bois
qu'on a vu dans le couvent de S. Barnaba à
Milan, la vaste composition *delle Grazie*,
ou quand il la copia un peu moins grande
que l'original sur la muraille du réfectoire
des Hieronimites de Castellazzo. Auroit-il fait
un tableau qui, étant, comme celui-ci, dans
les mêmes proportions que ce majesteux modéle (1), n'auroit pu être mis à l'endroit

---

(1) ,, Tutta la dipintura del Cenacolo delle
,, Grazie, dit le dominicain Pino, è di braccia
,, 14 milanesi ed once 10 in lunghezza ; compresa
,, la dipinta cornice di once 3 e mezzo per cia-
,, scheduna parte; e di braccia 8 e once una e
,, mezzo in altezza, compresa pure la dipinta
,, cornice di once 3 (*Relaz. genuina* ec. pag. 16).

qui lui étoit destinée sans éprouver de graves mutilations? Or tel fut le sort auquel notre Cénacle nous apprend lui-même qu'il fut soumis, quand on le plaça dans le réfectoire des chartreux. Il fallut en replier les deux extrémités latérales pour le restreindre au local qui étoit moins large; et comme le plafond du réfectoire n'étoit pas assez élevé pour que le tableau conservât toute sa hauteur, on fut obligé d'en retrancher la partie supérieure: ce qu'on fit, non en coupant la toile justement au point où elle devoit s'arrêter, mais en décousant plus bas une de ses laizes, à laquelle on substitua une simple bande de la largeur de 8 à 10 pouces pour le faire arriver à la ligne qu'on ne pouvoit dépasser. La toile de cette bande qui est plus fine que le reste, les couleurs et la manière visiblement différentes avec lesquelles on y a continué la tapisserie et le lambris de la salle du Cénacle, prouvent que cette addition est d'un autre main que le tableau (1), et finissent par mettre le der-

_____

(1) Les verts de cette continuation de la tapisserie, sont en *terre de Vérone*, tandisque ceux au dessous sont composés d'*outre-mer* et de *giallo-*

nier sceau de l'evidence à la démonstration
qu'il n'avoit·pas été peint pour le réfectoire
des chartreux, et que ce n'est que par occasion, et dans le suite, qu'on l'en a dé-
coré.

La certitude de ce point de fait établie
aussi péremptoirement, ne pourroit recevoir
aucune atteinte de l'embarras où nous serions
pour répondre à ceux qui demanderoient
comment les religieux de la chartreuse, ont
pu croire et faire croire à Baldinucci, que
ce tableau avoit été fait pour leur réfectoire.
Leur erreur, bien constatée, pourroit s'expliquer par l'avantage qu'ailleurs ou trouvoit
à l'accréditer, et par le genre de vie qu'ils
menoient. Relégués dans leurs cellules respectives, où ils s'occupoient du travail des

---

santo. Si, dans la restauration qui se fait actuellement de ce magnifique tableau, on juge convenable de repeindre cette bande d'une maniere conforme au reste de la tapisserie, afin de mettre
plus d'harmonie dans l'ensemble; et s'il arrive
qu'on ne puisse plus vérifier tout ce que nous di-
sons à ce sujet, il y aura du moins assez de personnes qui, ayant fait les mêmes remarques, pourront attester la vérité du fait que nous affirmons.

mains et de la culture des fleurs, en s'en-
tretenant dans un saint dégoût pour les recherches instructives, comme pour les choses du
monde; n'allant que rarement dans le réfectoire,
puisqu'ils mangeoient ordinairement dans leur
chambre, il devoit leur importer fort peu
que ce tableau eut été fait par un peintre
plutôt que par un autre. Le seul intérêt
qu'ils pouvoient y prendre, n'étoit guères que
celui du sujet édifiant qui y est représenté;
et leur indifférence sur tout le reste devoit
aller jusqu'à ne pas même leur permettre
de remarquer la bande disparate dont nous
venons de parler. D'autre part, ceux de leurs
chefs en qui leur esprit dans la plus profonde quiétude mettoit la plus aveugle confiance, leur Prieur et leur Procureur qui ne
manquoient jamais de faire honneur à leurs
charges de tout ce que la communauté avoit
acquis de richesses et de jouissances, pou-
voient-ils supposer que celle-ci lui eut été
procurée par d'autres que par leurs prédé-
cesseurs; et s'abstenoient-ils de le dire lorsqu'ils étoient interrogés à cet égard? Pour
ajouter plus d'importance à leurs charges,
par un effet de cette vanité humaine qui ne
sauroit être entièrement bannie des lieux

mêmes où doit régner la plus grande humilité, ne dûrent ils pas chercher à révêtir
leur supposition de circonstances propres à
la convertir en fait positif à la gloire de
ceux de leurs devanciers qui vivoient au
temps de Léonard et de Marc d'Uglon! Ora-
cles du couvent en matiere d'acquisitions
passées comme présentes, ils donnerent ainsi
facilement à leurs conjectures toute la con-
sistance de la vérité. Les suppositions les
plus hazardées en acquerent bientôt la force
sur les gens qui ne discutent point, et à
plus forte raison sur ceux qui font profession d'être aussi crédules que dociles. Con-
damnés à un silence presque continuel, ne
pouvant causer ensemble qu'une fois la se-
maine, et seulement deux à deux pendant
quelques heures, n'ayant aucun accès dans
les archives de la maison, ces moines au-
roient-ils pu éclaircir leurs doutes si, par
hazard, il leur eu fût venu sur la relation
conjecturale des arbitres de leur confiance?
Si, par un plus singulier hazard, quelqu'un
d'entre ces timides solitaires avoit eu une
tradition plus vraisemblable, et par conséquent
en contradiction avec celle de leurs supérieurs, auroit il osé la communiquer à ses

confreres ? Il lui auroit encore moins été permis de la publier hors de son cloître. La vérité sur le fait dont il s'agit, ne pouvoit donc qu'être réduite au même silence qu'eux; et nous savons que toute vérité de fait que l'on rend muette, périt infailliblement, en laissant les mensonges qu'on lui substitue avec une sorte d'autorité, régner librement sur tous les esprits (1).

D'un autre côté, les FF. Prêcheurs qui n'étoient du tout point voués au silence, et qui s'occupoient avec ardeur de la gloire, non seulement de leur ordre (2), mais encore de leurs maisons respectives ; ceux de

---

(1) La portion des archives de la chartreuse de Pavie qui auroit pû fournir quelques documens sur l'époque où notre tableau vint à la possession des Chartreux, et fut placé dans leur réfectoire, je veux dire le régîtres des comptes et dépenses, n'existe plus. Ils furent vendus au poids, lors de la suppression de la communauté.

(2) On en a la preuve dans la *Chronique et Bibliothéque* du P. Antoine de Sienne, *in fol.* 1585; dans celle du P. Quétif, continuée et publiée, en 1719 et 1721, par le P. Jacques Echard, 2 vol. *in fol.* etc.

Milan surtout dont le crédit, proportionné
à leurs amples richesses, étoit soutenu par
l'ascendant que leur donnoit leur tribunal
d'inquisition, et qui, travaillant avec une
émulation sans égale pour l'illustration de
leur couvent *delle Grazie* (1), se montre-
rent toujours si fiers et si jaloux de ce que,
par l'ordre du prince Ludovic, Léonard avoit
fait pour eux, auroient ils laissé dire bien
librement que des moines d'un autre ordre
avoient obtenu d'une main qui sembloit être
la sienne propre, un tableau qui les mettoit

---

(1) Les PP. Taagi, Rovegnatino, Gattico,
Monti, religieux de cette maison, en firent succes-
sivament chacun en particulier l'histoire, en s'effor-
çant d'enchérir sur ce que le prédecesseur avoit
dit à la gloire du couvent. Celle du P. Gattico
surtout trahit et la vanité que ses confreres tiroient
de leur Cénacle, et l'intention d'en dissimuler la
ruine, car, même après que Lomazzo l'eut vu
tombant en lambeaux, ce religieux cherchoit à
faire croire que les dégâts de cette peinture, ne
consistoient qu'en une simple altération de couleurs : ,, Il Cenacolo che alterato si vede nel fine
del refettorio. ,,. (Voy. *Relaz. genuina ec.* du P.
Pino page 27).

à cet égard en rivalité avec eux? Ce qu'il
y a de bien certain, c'est qu'ils n'eu ont pas
fait la moindre mention dans les nombreux
écrits où ils ont vanté leur Cénacle avec un
juste orgueil. Le P. Pino lui-même, qui, dans
l'opuscule que naguères il lui a consacré, parle
avec tant d'étendue des copies où il fut
reproduit, et notamment de celle de Castellazzo par le même *Marco da Oggiono* à
qui l'on attribuoit le tableau des chartreux,
le passe sous silence (1). On diroit que ce
fut comme un point de la règle des dominicains de ne jamais rien dire qui pût
indiquer à l'attention publique ce bel ouvrage capable de ravir à leur peinture
dégradée, dénaturée, cette ancienne estime
qu'ils avoient à cœur de lui tenir irrévoca-
blement attachée; et par une conséquence nécessaire, de le vouer à cet oubli qui, né du
dédain, est si propre à le répandre. Dès-
lors que, pour obtenir un tel résultat, ils
observoient avec tant d'exactitude et d'una-
nimité ce plan de réticence cauteleuse, ne

---

(1) Voyez sa *Relazione genuina del Cenacolo
delle Grazie ec.* page 84.

faisoient-ils pour cela rien de plus efficace dans le monde où ils se répandoient librement, formoient les opinions, maîtrisoient la confiance? Qui eut osé contredire des moines aussi puissans? Si les choses ne se passèrent pas ainsi; que l'on m'explique donc comment le Cénacle de la chartreuse put devenir à Milan un objet d'indifférence et presque de mépris, alors précisément qu'il n'y restoit presque plus rien de la belle peinture que Léonard avoit faite chez les religieux *delle Grazie*, c'est à-dire vers le milieu du dix-huitième siècle? Ce dédain étoit aussi profond que général, car il se trouvait même dans l'ame de ceux des Milanais qui avoient le plus de zèle pour la gloire de Léonard et de ses disciples. L'estimable conseiller De Pagave, qui fit tant de recherches honorables pour eux (1), ne

---

(1) Les *Mémoires* dans lesquels il les consigna, restèrent en manuscrit dans les mains de ses héritiers, d'où ils viennent de passer dans celles d'une artiste littérateur. Il nous a été impossible de les consulter; mais nous pouvons présumer, d'après ce qu'en ont cité les derniers éditeurs de Vasari, qui en avoient eu communication, que M. De Pagave faisoit peu de cas de Marco da Og-

36

daigna pas même aller voir le tableau de la chartreuse. Il en parloit comme d'une copie qui ne méritoit absolument point ses regards. La preuve en est dans la liste qu'il envoya de toutes celles du Cénacle des dominicains, aux éditeurs de Vasari, et qu'on trouve en note dans la vie de Léonard. M. De Pagave y dit que la copie des chartreux « est peinte sur le mur (1) ». S'il avoit cru qu'elle ne fût pas indigne d'être regardée, même en passant, il n'auroit pas fait une aussi grossiere méprise.

Le point de fait très frappant, et qui sert à confirmer ce que nous avons dit

---

giono et de ses ouvrages, puisque dans leur *Supplemento alla vita di Leonardo*, où ils parlent, d'après ces *Mémoires*, de ceux des écoliers de Léonard qui se rendirent célébres, ils ne disent pas un mot de celui-ci, et se contentent de nommer avec honneur *Cesare da Sesto*, *Andrea Salaino*, *Gio: Ant. Boltrafio*, *Bernardino Lovino*, *Fra Bartolomeo della Porta*, et *Laurenzio Lotto*. (Voy. Vasari, edit. de Sienne, tom. V. page 75).

(1) „ Altra copia nella Certosa di Pavia fatta „ da Marco d'Oggione sul muro ». (Vasari *ibid*, page 34).

des manœuvres par lesquelles on avoit fait tomber cette belle copie dans ce discrédit extrême, qui duroit depuis environ cinquante ans ; c'est que l'époque où elle en avoit atteint le plus bas période, étoit, comme nous l'avons dit, celle où le Cénacle des dominicains avoit achevé de perdre tout ce qui lui restoit de Léonard ; celle où Belloti l'avoit répeint. Si nous remontons aux tems antérieurs, et jusqu'à celui où le chartreux florentin avoit, un siècle auparavant, loué sans trop de contrainte le Cénacle de ses confrères de Pavie, nous verrons que les éloges en devinrent plus rares, plus circonspects, à mesure que la peinture de Léonard dans le couvent *delle Grazie* avança vers sa totale destruction. Si les peintres Sant' Agostini hazarderent, en 1671, de dire du bien de notre tableau dans leur *Catalogue des peintures remarquables qui se trouvoient à Milan et dans les environs,* ce ne fut qu'en peu de mots, insérés comme furtivement, et presque noyés dans les dernieres pages de ce catalogue (1). Depuis lors, jusqu'à la soi-disant res-

(1) Voyez le petit livre intitulé : *L'immor-*

tauration du Cénacle des dominicains par Belloti, il ne fut plus parlé de celui de la chartreuse dans aucun livre nouveau; et ce silence absolu, observé plus rigoureusement encore après cette prétendue réparation, ne cessa que, vers la fin du dernier siècle, lorsque le couvent *delle Grazie* eut été dissous (1). Alors, le tableau des

---

talità e gloria del penello, ovvero catalogo delle pitture insigni che stanno esposte al pubblico nella città di Milano ec., da *Agostino e Giacinto fratelli Sant' Agostini pittori milanesi* 1671. page 115, où il est dit : ,, Nel refettorio della ,, Certosa di Pavia vi è la cena . . . fatta da ,, Marco d'Uglon, cavata da Leonardo da Vinci, ,, bella quanto l'originale stesso ''.

(1) On ne peut nous opposer l'édition de Vasari faite à Rome, en 1759, dans les *Giunte* de laquelle notre tableau est désigné comme ,, une belle copie ''; puisque c'étoit bien loin de Milan qu'on osoit s'exprimer ainsi, et que l'éloge, assez mesquin par lui-même, ne pouvoit nuire a la réputation du Cénacle de Belloti. On ne peut pas mieux se prévaloir contre nous des réimpressions du *Catalogue* des Freres Sant'Agostini, faites à Milan en 1718 et 1747, parce qu'elles n'étoient que comme une continuité de l'édition de 1671. Il eut été

chartreux commença de se réhabiliter dans l'estime publique. Il y parvint en peu de temps avec facilité, car, en 1801, l'on publioit déja dans un livre imprimé à Milan même „ qu'il réunissoit tous les genres de mérite qu'avoit eus le Cénacle *delle Grazie* „; et l'on ne craignoit pas d'ajouter que „ bien des gens croyoient que Léonard lui-même y avoit travaillé (1) „. Ainsi donc, neuf ans avant nous, le jugement de quelques personnes intelligentes, plus libres que d'au-

trop ridicule d'en faire retrancher alors les deux lignes qui concernent le Cénacle de la chartreuse; c'eut été leur donner plus d'importance qu'elles n'en avoient; et le bien qu'elles en disent, y étant presqu'imperceptible, ne pouvoit donner trop d'ombrage aux dominicains.

(1) Voyez *l'Elogio dell'abate Parini*, par Cosme Galeas Scotti; il y est dit dans une note de la page 47 : „ Di questa Cena di Lionardo, oltre l'originale che ha dal tempo patito grave ingiuria, avvene una copia diligentissima della medesima ampiezza, che senza audacia dagli intelligenti messa è come a pari dell'originale stesso. Ella è di mano di Marco da Oggiono, discepolo dell'autore; e dicesi che Leonardo medesimo la toccasse col proprio pennello„.

tres ne l'avoient été précédemment d'exprimer leur pensée sur le Cénacle des chartreux, se rapprochoit deja de l'opinion de
ceux qui le croient aujourd'hui en grande partie de la main même de Léonard.

CHAPITRE III.

Paralelle du Cénacle des dominicains avec
celui des chartreux ; conséquences qui
en résultent ; caractère notoire de la ma-
niere de Léonard mis en confrontation
avec celle du peintre qui a fait celui ci.

Malgré la prudence des peintres Sant'Agostini dans l'éloge qu'ils avoient rapidement
décerné, en 1671, au Cénacle des chartreux,
ils avoient manifesté néanmoins une opinion qui lui étoit tout aussi favorable que
celle dont nous venons de parler. Sans contredire ceux qui le nommoient dédaigneuse-
ment une copie, ils affirmoient que cette
copie étoit „ aussi belle que l'original même ". N'etoit ce pas dire implicitement qu'elle
portoit l'empreinte de l'inimitable pinceau de
Léonard; car, pour imiter l'original de ma-

niere à ce que l'imitation produisit un ouvrage aussi beau que lui, ne falloit il pas
la main de cet homme incomparable?

Il est facile de justifier l'une et l'autre opinion, en comparant ensemble ces deux chef-
d'œuvres de peinture. Eh! qu'on n'imagine pas
que, pour donner plus de relief au Cénacle
des chartreux, nous allions prendre celui des
dominicains dans son état actuel qui le feroit paroître inférieur aux copies les plus
médiocres. Nous n'avons pas à craindre que
l'autre perde rien de sa gloire, en le repor-
tant aux jours où l'original sortit des mains
de Léonard, et où le vanterent avec tant
d'enthousiasme, je ne dis pas seulement ceux
qui le virent plusieurs siècles avant nous, mais
encore les contemporains, les amis mêmes de
ce Grand homme. Du nombre de ceux-ci
fut Luc Pacioli que le Duc Ludovic le More
avoit fait venir à Milan pour y enseigner les
mathématiques dans le temps même où Léonard y peignoit le Cénacle *delle Grazie*. Il
étoit à peine achevé que ce mathématicien
alla publier avec enthousiasme devant ce
prince, tout en lui présentant son livre *De
la divina proportione*, que l'œuvre de Léonard étoit le plus parfait modèle des pro-

portions comme de l'expression (1). Dans le
courant de son livre, il ne se lassoit pas de
proposer cette divine peinture comme le
plus bel exemple des leçons que lui même
avoit écrites ; et il justifioit les principes
qu'il avoit établis, par l'harmonie et la ré-
gularité de tout ce que cette admirable composition renfermoit (2). ,, Apelles, Miron,
Policrate et tous les autres celebres peintres
de l'antiquité grecque, reprenoit Pacioli en
un autre endroit du même livre, doivent
céder leurs palmes et rendre hommage à
notre Léonard (3). Ce talent, divin plutôt
qu'humain, d'imiter la nature à ce point,
jusqu'alors inconnu, et tellement extraordinaire qu'on diroit qu'il ne manque aux personnages que la respiration ; où se retrouve-
t-il ailleurs, comme dans les treize figures
de son merveilleux Cénacle? Oh! qu'on voit

(1) Voyez son épître dédicatoire, contenue
dans le premier chapitre de ce livre qu'il présenta
manuscrit au Prince Ludovic en 1498. L'ouvrage
ne fut imprimé qu'en 1509.
(2) *De la divina proportione* Part. I. ch. 23.
(3) *Ibid.* Part. I. ch. 1.

bien clairement dans le Rédempteur, malgré
sa tristesse et son abbattement, cet ardent
desir de notre salut qui l'anime! Etoit-il
possible de représenter les apôtres plus vi-
vans, plus convenablement attentifs aux paroles de l'infaillible vérité, lorsqu'elle leur
dit: *unus vestrum me traditurus est*? Par
leur agitation, par les mouvemens divers de
l'un vers l'autre, par les gestes qu'ils se font
avec un étonnement accompagné de la plus
vive affliction, il semble, au moyen de l'art
incompréhensible avec lequel notre Léonard
les a disposés, qu'on les entend parler avec
le sentiment, comme avec la dignité qu'exigeoit la circonstance (1),,.

———————————

(1) ,, Oime! chi è quello che vedendo que-
,, ste ligiadre figure con loro debiti liniamenti
,, ben disposte, a cui solo il fiato par che man-
,, chi, non le giudichi cose più presto divine che
,, umane? E tanto la pittura immita la natura
,, quanto cosa dir si possa . E che agli occhi no-
,, stri evidentemente appare nel prelibato simu-
,, lacro dell' ardente desiderio di nostra salute nel
,, qual non è possibile con magiore attentione
,, vivi li apostóli immaginare al suono della voce
,, dell'infallibil verità quando disse: *unus vestrum*

Pour ne citer que ce qui fut dit de plus glorieux, de plus circonstancié sur le Cénacle des dominicains, nous laisserons les hommages peut-être trop vagues que lui rendirent ensuite les Arménini, les Giraldi, les Sansovino, et autres écrivains du milieu du quinzième siècle, pour arriver à Jean Paul Lomazzo qui, en 1590, vint faire en peintre habile, un eloge raisonné de cet admirable ouvrage. Le jugeant moins d'après ce qu'il étoit alors, puisqu'il étoit déja dégradé, que sur les dessins originaux qu'il avoit sous les yeux (1), c'étoit avec ravissement qu'il y faisoit remarquer „ l'expression miraculeuse des figures et de leurs mouvemens ; dans lesquels il admiroit la grandeur d'ame de Léonard, sa netteté d'imagination, et sa facilité pour exécuter ce que concevoit cet esprit si sublime. Il trouvoit dans les figures

---

„ *me traditurus est.* Dove con acti e gesti l'uno
„ al altro el altro a l'uno con viva e afflicta
„ admiratione par che parlino si degnamente con
„ sua ligiadra mano el nostro Lionardo lo dispose „.
(*De la divina Proportione* Part. I. cap. 3)

(1) J. P. Lomazzo : *Trattato dell' arte della pittura* L. 3. c. 5).

la profondeur de la réflexion et la vivacité
du sentiment, jointes à une beauté vraiment
antique. Rien ne luj sembloit comparable à
l'entente ingénieuse que le peintre avoit mise
dans la séparation des sentimens de Judas
qui n'étoient que malice et perfidie, d'avec
ceux des autres apôtres dont la droiture et
la franchise régloient toutes les inclinations;
mais surtout dans l'ineffable distinction qu'il
avoit su établir, entre la gloire voilée de
l'auguste vérité divine et la charité de l'homme-dieu pour les mortels (1).

Passant ensuite à l'art avec lequel Léonard avoit distribué la lumiere, Lomazzo
dit: „ on croiroit que celle de ce peintre

_____

(1) „ I moti del Vinci sono della nobiltà del-
„ l'animo, della facilità, della chiarezza d'imma-
„ ginare, della natura del sapere, pensare e fare,
„ del maturo consiglio congiunto con la beltà
„ delle faccie, della giustizia, della ragione, del
„ giudizio, del separamento delle cose ingiuste
„ dalle rette, dell'altezza della luce, della bas-
„ sezza delle tenebre, dell'ignoranza, della gloria
„ profonda, della verità e della carità regina di
„ tutte le virtù (J. P. Lomazzo: *Tempio della pit-*
„ *tura* ch. 12) ".

est céleste par le soin qu'il a eu de rendre
les *obscurs* très forts pour obtenir plus d'effet dans les opposés extrêmes qu'il a soigneusement réservés pour les endroits ou la plus
grande clarté étoit nécessaire. Voyez comme,
ne craignant pas d'y rendre l'eclat du jour
trop frappant, il a produit sur les visages
tout l'effet que peut faire la nature (1). Son
coloris vigoreux, relevant le *grandiose* de
son dessin, p~~orte~~ dans les mouvemens de
ses personnages, dans leurs chevelures, et
singuliérement dans les draperies, cette majesté qui augmente le respect que l'action
représentée nous inspire. L'effet miraculeux
de la maniere habile dont il a distribué
ses couleurs, est tel que l'œil ne peut rien
desirer au delà (2) ".

_____

(1) „Con tal arte ha conseguito nelle faccie,
„ e corpi che ha fatti veramente mirabili, tutto
„ quello che può far la natura. E in questa par-
„ te è stato superiore a tutti, tal che in una pa-
„ rola possiamo dire che il lume di Lionardo sia
„ divino (J. P. Lomazzo: *ibid.* c. 14)".

(2) „ Costui nel colorito ha servito alla gran-
„ dezza del disegno, e l'ha pienamente conseguita,
„ tal che la forma degli uomini così grandi ha
„ rappresentata con una nobil furia di colorito.

Nous bornant à ces éloges qui ne sau-
roient contenir une description plus complette et plus flatteuse des beautés du Cénacle des dominicains, nous demanderons
maintenant si ces louanges renferment un
seul trait qui ne convienne parfaitement à
celui des chartreux. Les connoisseurs, et
même ceux qui ne le sont point, pour peu
qu'ils soient sensibles à ce qui est vraiment
beau, n'y remarqueront-ils pas le même mérite ? Nul ne peut s'empêcher, en le considérant, de s'écrier avec le religieux de la
chartreuse de Florence que nous avons déja

,, esprimendo in loro diligentemente gli anda-
,, menti, dandogli le ombre, e i lumi variata-
,, mente, con veli sopra veli . E nell' altre cose
,, minori, come nelle chiome, nei capelli, e sin-
,, golarmente nei panni, ha così vagamente e ar-
,, tificiosamente dato i colori che occhio mortal
,, niente più sa desiderare '' (Idem : *ibid.* cap. 13).
Les mêmes éloges se trouvoient en substance dans ce
qu'Armenini avoit dit du Cénacle de Leonard :
,, Benchè fosse fino alhora mezzo guasto, mi par-
ve però in tal modo un miracolo molto grande,
per haver egli ec. '' (*De' veri precetti della pit-*
tura. Cap. *Come gli antichi dipingevano i refet-*
torj).

cité, lorsqu'il le contemploit dans le réfectoire de ses confreres de Pavie: „Oh! c'est
là vraiment qu'on voit combien grande fut
la majesté des idées de Léonard; combien
son talent fut surnaturel et sa maniere de
peindre supérieure à celle des humains. C'est
là qu'on reconnoit ce génie extraordinaire et
presque divin, capable d'animer la matiere,
en faisant revivre sur la toile les personnages
qu'il y représente, en mettant dans les li-
néamens délicats et mobiles de leur visage
tous les sentimens de leur ame. Ces apôtres
peints avec tant de dignité dans leur physionomie et de grandeur dans leurs mouvemens, ce sont eux-mêmes en personne
bien plus que leur image. Comme ils sont
émus à la fois d'amour et de crainte, en
même temps qu'ils sont frappés d'étonnement et pénêtrés de douleur! L'inquiétude
qu'ils éprouvent de ne pouvoir comprendre
la noirceur du crime révélé par leur divin
maître, se comunique à mon esprit. Et ce
visage du Sauveur que Léonard n'avoit pu
achever dans le Cénacle des dominicains,
parce que son pinceau ne correspondit pas
à son desir d'y montrer la divinité unie à
l'humanité, combien ici cet auguste visage

me fait sentir cette ineffable union. Quelque soit le peintre à qui l'on doit ce tableau, il mérite encore plus d'actions de graces , que l'auteur du Cénacle *delle Grazie,* pour cette tête adorable. Sa main a sans doute été conduite par la divinité même lorsqu'il a fait cette physionomie qui respire je ne sais quoi de divin, et surtout cette bouche par laquelle passent et s'échappent, en s'élançant de la poitrine agitée du Rédempteur, la douloureuse prédiction da sa trahison prochaine par l'un de ses commensaux. Ses paroles que je vois réellement encore sur sa lèvre tremblante, et que je crois entendre aussi bien que les apôtres les entendirent, sont dans ce tableau même, autant de flammes de l'amour divin qui devroient enflammer et faire fondre de repentir le cœur dur et froid du scélérat qui projette le plus énorme de tous les forfaits (1) ".

(1) *In quo suspicere plane libet quae et quanta fuerit Leonardi praestantia, argutaque pingendi navitas, quodque mirabile ingenium, ac divina prope mens ad vivum interiores exprimendi suis in tabulis humanos affectus per exteriora videlicet oris lineamenta, ut Aristidem insignem pictorem thebanum in hoc superasse diceres , modo ejus in tabulas*

Telle est l'impression qu'a faite et que
fait toujours notre Cénacle sur ceux qui le
contemplent ; et certes, il n'est pas possible
que celui des dominicains en ait jamais produit une plus forte, parce qu'on ne conçoit
pas la possibilité d'en éprouver une qui nous
émeuve plus profondément, et qui s'empare
plus complettement de toutes les facultés de
l'ame et de tous les sens. C'est donc, sous
le rapport de l'expression, tout lé Léonard

---

*nostra aetas incidisset. Quia quod Leonardus alta
mente, cogitationeque prius sibi depinxerit, id totum ex sententia illi successisse dixerim. Tantá quip-
pe oris dignitas, decusque tantum spectatur in apostolis, ut amore, metu, admirabilitate pariter ac
dolore eos consternatos diceres, perinde quasi divini
sui Praeceptoris acerbum animi sensum penetrare
nequeant. Quo circa id amplius erudito effictóri nostro pro immortali gratia debemus, quod in suo hoc
exemplo Christi Salvatoris effigiem divinum nescio
quiddam spirantem effinxerit, divinitus ipse credi-
derim actus ; quasi ut quot ex imo tum Christi pectore dicentis aestuantissima erumpebant celestis sa-
pientiae verba, tot essent divini ardoris faces ad
inflammandam, atque inde amolliendam sui per-
ditissimi proditoris duritiem pectoris. Quam divini
vultus effigiem Leonardus in suo se posse effingere*

delle Grazie qu'on retrouve dans ce tableau.
Si vous en doutez, venez derechef le considérer attentivement avec moi, qui que vous
soyez, connoisseurs et non connoisseurs;
vous ne vous en retournerez pas sans être
portés à croire, qu'il n'y avoit que Léonard
qui fût capable de donner à ces figures tant
de vérité, d'énergie et de perfection.

Et d'abord nous n'aurons pas de la
peine à faire convenir ceux d'entre les gens
de l'art qui sont exempts de prévention,
que rien, ici, n'annonce dans l'artiste cette
timide lenteur d'une main imitatrice qui trahit toujours plus ou moins le copiste, même
le plus habile. Tout y porte au contraire le
cachet d'un maître consommé, lequel d'un
pinceau qui ne dépend que de lui, exprime
hardiment des idées qui lui appartiennent, et
les exprime avec la vigueur même qu'il eut
en les créant. Quel est donc celui des éco-

---

*exemplari pro divinitate personae desperans, cum
tantam jam tum majestatem in piis ejusdem Dei
filiis asseclis expressisset, imperfectam omnino reliquit.* (De vita et moribus B. Stephani Maconis
Senensis Cartusiani ticinensis cartusiae ec. auctore
D. Bartolomeo Senensi ec. Senis 1626 L. II. ch.
16, pag. 126).

liers, imitateurs de Léonard, en qui l'on retrouve, comme dans l'auteur de ce tableau, la franche audace du dessin de ce peintre inimitable, la pompeuse harmonie de son coloris et de sa lumiere, la vigoureuse fermeté de ses mouvemens, et toute la chaleur de sa composition ? Ce n'est certainement point dans *Marco da Oggiono*, comme on peut s'en convaincre par les tableaux bien connus qu'il nous a laissés, et notamment par ses deux copies du Cénacle *delle Grazie*, savoir celle à fresque dans le couvent des Hiéronymites de Castellazzo, et celle peinte sur bois, qui étoit dans le cloître de S. Barnaba de Milan (1). Dans l'une et dans

---

(1) La copie sur bois qui étoit à S. Barnaba n'a gueres que 6 a 7 pieds de large sur 3 et demi de hauteur ; et la table de la cêne, ainsi que la partie inférieure, ne s'y trouve point. Les figures y ont peu d'expression; celle du Sauveur prouve que le peintre étoit loin de pouvoir faire cette tête du Redempteur que l'on admire avec tant de raison dans notre tableau. La salle du repas se termine dans le fond par un péristile qui nous servira à prouver que *Marco da Oggiono* n'avoit pas l'érudition de son maître. — L'autre copie du même peintre qu'on voit à Castellazzo est d'un

l'autre, le tâtonnement d'un écolier qui fait de vains efforts pour imiter son maitre, se fait sentir assez pour qu'on ne puisse pas croire qu'il ait été capable de peindre d'une maniere aussi franche aussi hardie, un Cénacle qui n'est pas moins beau que celui des dominicains, et qui même, sous le rapport de la vérité historique, est plus savant, plus parfait, comme nous le verrons dans la suite.

---

tiers moins grande que l'original. La figure du Sauveur n'y est qu'une ignoble caricature ; et parmi les autres, celles qui sont les meilleures, et se rapprochent pour la rassemblance de celles qui leur correspondent dans notre tableau, paroissent avoir été faites ailleurs, et peut-être par une autre main : telles sont les têtes de S. Philippe, de S. Mathien, de S. Jacques le mineur. Leur saillie hors du plan de la muraille, et surtout cet entour irrégulier de maçonnerie qui, faisant partie du fond, ne s'accorde point avec lui pour les teintes, attestent qu'elles avoient été peintes avant le reste, et qu'elles ont été incrustées toutes séches dans la muraille, lorsqu'on la crépissoit. Les poissons qu'on y voit sur la table nous seront une nouvelle preuve que l'auteur de la copie dont nous parlons, n'etoit pas aussi instruit, aussi judicieux que le peintre de notre tableau.

Prenez les pages où Lomazzo a parlé
de la maniere exclusivement propre à Léonard, comme encore celles de D'Argenville,
de Roger de Piles sur le même sujet (1);
elles achèveront de décider toutes vos incer-
titudes. Tout ce qu'on a loué, et même tout ce
qu'on a critiqué dans la maniere de ce grand
peintre, se retrouve ici dans un état d'originalité native qui décéle son pinceau. Et
d'abord, voyez y vérifié tout ce qui a été
dit de son talent pour mettre sur la physionomie de ses personnages toutes les agitations de leur ame ; pour donner à chaque
objet le caractere qui lui convient; pour
suivre la nature jusques dans ces choses qui
sont à peu-près indifférentes parce qu'elles
sont presque imperceptibles. Voyez y même
ce fini excessif de Léonard auquel on a re-
proché de dégénérer quelquefois en séche-
resse. Ne reconnoissez vous pas encore ici

---

(1) Voy. la *dissertation* de De Piles *sur les
ouvrages des plus fameux peintres*, Paris, 1681 ; et
son *abrégé de la vie des peintres*, 1715. La critique
de D'Argenville est rapportée à la page 54 du tom.
V. de Vasari, édition de Sienne, 1792.

ses couleurs locales, dans le chairs et les draperies, ainsi que ses passages du clair à l'obscur par si peu de teintes différentes qu'à une certaine distance, on croiroit qu'il n'y en a qu'une seule (1)? N'étoit-ce pas lui, qui, comme on l'a fait ici, marquoit le dessous des cils de la paupiere supérieure par une ligne sombre et crue ; qui représentoit les cheveux par masses, en les distinguant seulement par de petits traits projetés dans le sens de leur allure? L'espéce de crudité que je vois dans les contours extérieurs, tandis que les intérieurs sont délicieusement fondus ; le sec et le tranchant de ces grands plis déterminatifs du mouvement des draperies d'ailleurs si savamment raisonné, tandisque les œils qu'elles forment, ont une rondeur et un moelleux qui enchantent la vue ; toutes ces particularités, et tant d'autres que je pourrois indiquer, ne constituoient elles pas dans leur réunion la maniere propre à

_____

(1) L'abbé Amoretti, dans ses *Osservazioni su Lionardo*, edition des Classiques Italiens, dit, p. 174 ,, per ombre e mezze tinte impercettibili e fumose ''.

Léonard ? L'imitation la plus heureusement servile ne va pas jusques-là ; et des écoliers ne se rendent pas semblables à leur maître jusqu'à ce point. Il en est de la copie de l'œuvre d'un peintre distingué, quand elle est exécutée par un autre que par lui-même, comme de la traduction d'un chef-d'œuvre de littérature étrangere, ou grecque, ou latine. Tout ce que le traducteur peut faire pour ressembler à l'auteur, se réduit à conserver ses traits principaux, à les disposer dans le même ordre, en s'appropriant ses intentions, et ce qu'il y a de notable dans ses sentimens et ses pensées. Mais combien y en a-t-il qui lui échappent ? Et en écrivant ce qu'il conserve, il lui est impossible de ne pas le revêtir des couleurs de sa diction personnelle, de ne pas donner aux idées, aux sentimens qu'il exprime, quelque chose du tour de son esprit, du caractere de son ame, en quoi nécessairement il differe de son auteur par un effet de cette varieté que la nature a établie dans le cœur de tous les hommes ainsi que dans leurs physionomies.

„ C'est, dit un bon juge en fait d'arts, c'est parce que Rubens, qui dessina le Cénacle pour le graveur Soutman, ne put s'empê-

cher à........re en son dessin beaucoup de
la maniere qui lui étoit propre, que l'on ne
reconnoît plus Léonard dans la gravure que
celui-ci nous a donnée de son Cénacle (1),,;
et si, au jugement de Vasari, des éléves
de Léonard, plus célébres que *Marco da
Oggiono*, sont restés infiniment inférieurs à
leur maître dans les copies qu'ils ont faites
de ce magnifique ouvrage (2) ; par qui fau-
dra-t-il donc croire qu'ait été peinte celle-ci
qui, non moins belle que lui, suivant ce
qu'en ont dit tant de gens de l'art, porte
des traces si frappantes du pinceau de cet
homme incomparable ?

Appellant ensuite ceux-là même qui ne
sont point versés dans l'art de la peinture,
ni dans la connoissance de la maniere propre à chaque grand-maître, mais qui ont
cette délicatesse de tact à laquelle rien de
ce qui est beau n'échappe, je les ferai convenir aisément, ainsi que les connoisseurs,

_____

(1) Voyez la note 3 de la page 183 du tome
II. des *Lettere su la pittura* ec. Roma, 1757.

(2) Vasari, page 69 du tome V. de l'édition
de Sienne 1792.

que la multitude d'idées fines et d'intentions
savantes que leurs yeux ne manqueront pas
de remarquer en notre tableau, et surtout
l'énergie avec laquelle elles sont exprimées,
indiquent la main même de celui à qui elles
appartenoient par leur origine. Le peintre
qui les a toutes rendues avec tant de pré-
cision, avec la vigueur même de l'imagination qui les conçut, ne peut être que leur
créateur; et le soin caressant avec lequel
leur exposition est faite, n'appartient vraiment qu'au sentiment de la paternité. Pour
mieux nous en convaincre, entrons dans l'examen circonstancié de tous les objets représentés dans ce tableau, en commençant
par les personnages que nous examinerons
d'abord sous le rapport de la vérité des physionomies, et ensuite sous celui de l'expression.

CHAPITRE IV.

Nom propre de chacun des personnages indiqué par la physionomie, le rang, le vêtement de chacun d'eux. Ressemblance du portrait de J. C. : exactitude des costumes. Analogie des traits du visage de chaque apôtre avec ce qu'on peut savoir de son caractere et de ses habitudes, comme encore de l'âge qu'il avoit à l'époque de la Cène.

Nous sommes loin de penser, comme l'auteur de la *Relazione genuina del Cenacolo*, que, pour bien apprécier le mérite immense de cette majestueuse composition du grand Léonard, il soit indifférent de savoir à laquelle des figures qui y sont représentées, appartient le nom de tel ou tel apôtre (1); et par conséquent de découvrir la raison du caractere particulier de

---

(1) „ Il sapere i nomi di ciaschedun particolar apostolo non appartiene al merito essenziale dell' opera (page 23) ".

physionomie que le peintre a donné à chacun
d'eux, et le motif de la maniere dont il les
a costumés, de la singularité des mouvemens de chaque individu, et même de la
place qu'il lui fait occuper à la table
du Sauveur. Cette indifférence nous paroit avoir encore été le partage de tous les
écrivains qui, jusqu'à ce jour, ont décerné
des louanges à ce beau Cénacle ; car nous
ne voyons pas qu'aucun d'eux ait relevé le
mérite extraordinaire et la science infinie qui
se trouve en tous ces détails. Il n'y a pas,
dans cet ouvrage, admirable en tous points,
il n'y a pas une ligne, un coup de pinceau
qui n'ait été dirigé par un motif puisé dans
l'étude des hommes, des usages, des lieux
dont il s'agit, et qui ne soit aussi exactement
conforme à la vérité historique qu'à la nature. Les apôtres ne purent pas être dans
le Cénacle, à l'instant de l'allarmante révélation du Sauveur, autrement qu'on ne les
voit dans la représentation que Léonard en
a faite.

On a varié beaucoup dans la dénomination individuelle de chacun d'eux ; et il
n'est pas une des listes qu'on en a imaginées
qui puisse être raisonnablement adoptée en

son entier. La tradition que le P. Pino tenoit
à ce sujet de son confrere, le P. Casati, dont
il vantoit cependant le profond savoir, ne
lui sembloit même pas digne de toute confiance (1). Le dernier éditeur de Vasari en
adoptoit une différente qui ne nous paroît
pas mieux fondée en raison (2). La troisième
qu'on a suivie, en écrivant les noms qui se
lisent sur chaque figure de la copie qui
est dans l'eglise paroissiale de Ponte-Capriasca, prés de Lugano, offre des erreurs
manifestes (3). Ces diverses traditions ne
reposoient que sur des conjectures très foi-
blement raisonnées. Pour dire plus surement
le nom de chaque figure d'apôtre, représentée par Léonard, il falloit un étude approfondie des monumens apostoliques, et un
grand nombre d'observations et de raisonne-
mens sur la physionomie, l'attitude, le cos-

---

(1) Voy. *Relazione genuina* page 22 et 23.

(2) Vasari, ed. de Sienne, tom. V, page 70.

(3) En développant notre nomenclature, nous
indiquerons par des notes, à l'article de chaque
apôtre, les différens noms que ces diverses traditions lui ont donnés.

tume, les mouvemens, la place de chacun d'eux, et en même temps sur son caractere, son âge, sa condition, l'époque de sa vocation à l'apostolat, et même sur sa destination. Ce n'est qu'avec cette précaution et ces guides, que nous avons fixé la nomenclature que nous allons suivre, et contre laquelle nous ne croyons pas qu'il soit possible d'élever quelque doute.

Il n'y en eut jamais, et il ne pouvoit y en avoir sur la figure du Sauveur. La place qu'elle occupe, suffisoit pour le faire reconnoître. Quand on sait que Léonard l'avoit d'abord dessiné sans barbe, comme l'assure Winkelmann (1), il faut croire, 1.° que ses premiers dessins avoient été composés d'imagination d'après ce que son profond savoir en physionomie lui avoit fait juger, suivant le caractere connu de J. C., que devoit être son visage (2); et 2.° qu'il ne put être

---

(1) Cette observation de Winkelmann se trouve rapportée à la page 59 de l'intéressant ouvrage de M. l'abbé Amoretti : *Osservazioni sopra la vita e i disegni di Lionardo*. Milano, 1784.

(2) Léonard étoit très versé dans la science des physionomies sur laquelle il écrivit un traité

déterminé que par le plus puissant motif à
renoncer à ces dessins où , tout appliqué à
rendre pathétiquement la bonté , la charité ,
la sainteté , la divinité même de l'homme-
dieu, il avoit omis la barbe, qui pouvoit lui
sembler contraire à l'entière expression de
ses idées. Quel auroit donc été cet impérieux
motif si ce n'étoit la connoissance que, pendant le cours de son travail , il acquit de
quelque copie authentique de l'un des véritables portraits de J. C. qui existoient encore à cette époque ? Il y en avoit deux ,
faits d'après nature et de son vivant. L'un
étoit la tête de cette statue que la reconnoissance de l'hémoroïsse de l'évangile lui
avoit érigée à Césarée (1) ; l'autre étoit son ima-

---

qui s'est perdu , mais dont il est parlé , d'après le
témoignage de Rubens , dans les *Réflexions* qui
suivent sa *Vie* écrite par De Piles. — Voyez en
outre à la page 182 du tome II. des *Lettere su la
pittura* ec.

(1) Eusèbe , qui vivoit au commencement du
quatrième siécle, dit qu'il a vu cette statue (*Hist.*
L. VII. c. 18); et Nicéphore-Calliste, qui écrivoit
dans le quatorzième, raconte que l'empereur Julien l₃
renversa pour y substituer la sienne ; que quelque

ge en peinture que l'on conservoit à Constantinople, où elle avoit été apportée, en 944,
des états de cet ancien roi Agbare, à qui de
graves auteurs affirmoient que J. C. lui-même l'envoya (1). Si la tête peinte ici par

---

temps après, des impies l'ayant mise en pièces,
les débris en furent soigneusement recueillis par
les chrétiens, et qu'il en a vu la tête religieusement conservée dans une église (L. VI. c. 15;
L. X. c. 3, et *cap. ult.*). Les mêmes circonstances ont été rapportées par Grégoire de Tours
(L. 1. *de Gloriâ martyrum* c. 2); et par Baronius (Tom. I. *Annal.* an. 31. 75).

(1) Eusèbe, qui avoit appris beaucoup de
choses dans l'histoire d'Hégésippe qui vécùt en
des tems voisins de ceux de J. C., raconte que
cet Agbare, qui régnoit sur un petit peuple appelé Édessien, au delà de l'Euphrate, avoit en-
voyé au Sauveur un peintre chargé de faire son
portrait, et que le Sauveur voyant l'artiste mé-
content de celui qu'il faisoit, en donna un très
fidelle qui fut porté à ce prince de sa part.
(*Hist.* L. I. c. 13). Ce fait n'a pas paru douteux à S. Jean Damascène (L. IV. c. 17), à
Nicéphore (L. II. c. 7), à Evagrius (L. II. 26);
à Léon Diacre (*in* L. IV. *Hist. de Nicephoro Pho-
ça*); à Wallafridus Strabo, etc. — Baronius dit
que la translation de cette image à Constantinople

Léonard est conforme à ces deux portraits, ne pourra-t-on pas dire qu'elle est elle-même la fidéle représentation du visage du Sauveur? Or elle lui est conforme, car elle l'est à la description que nous en a laissé Nicéphore-Calliste qui avoit vu la tête de la statue, et qui avoit sous les yeux le portrait que l'on conservoit à Constantinople (1). Celui que nous voyons, se retrouve tout entier dans cet historien. „ J. C., dit Nicéphore, avoit de la grandeur et de la vivacité dans la physionomie ; ses sourcils étoient noirs et courbés, ses yeux brun-clair, avec le regard pénétrant, son nez étoit oblong. Il avoit le teint couleur de froment un peu rouge ; sa chevelure, d'un blond qui tiroit sur le

---

se fit en 994, sous le règne de Romain Lecapène (N. 5. *Nota ad Martyrol.* 9 *die novembris*). Zonare en avoit parlé avant lui ; et Constantin Porphyrogénète en avoit aussi fait mention, comme on peut le voir dans l'ouvrage du P. Jean-Jacques Chifflet : *Chrisi historica de linteis sepulchralibus christi* : cap 23.

(1) Nicéphore-Calliste écrivoit sous l'empereur Andronic Paléologue l'Ancien à qui il dédia son histoire.

jaune, étoit touffue, mollement ondoyante, presque crépue, et fort longue. Sa barbe de la même couleur, étoit courte et fourchue. L'ensemble de son visage portoit l'empreinte de la gravité jointe à la prudence ; et la douceur, qui y étoit comme fondue, attestoit que jamais il n'avoit éprouvé les convulsions de la colère (1) ".

Eh ! qu'on ne croye pas que notre peintre en faisant sa tête de J. C., ait été guidé par Nicéphore ; car il ne pouvoit connoître son histoire qui ne fut imprimée que long-temps après. Il n'a donc pu se trouver aussi bien d'accord avec lui que parce qu'il a tra-

---

(1) *Christus erat vivido et insigni vultu : caesarie subflava et leniter densa, ad crispum declinante, nigris superciliis et inflexis, oculis subflavescentibus et acribus, naso etiam oblongiore. Barbam habebat capillitio flavam, nec admodum demissam, sed bifurcatam ; capitis capillos tulit prolixiores ; facies referebat tritici colorem modice rubicundum ; gravitatem cum prudentia conjunctam, et iracundiae expertem vultum prae se ferebat.* (Niceph. l. 1. *Hist.* cap. ultim.) -- Une semblable description se trouve faite par Lentulus Rom. dans les annales d'Eutrope.

vaillé d'après les mêmes modèles, ou quelqu'une de leurs plus exactes copies. On ne sauroit douter qu'il n'eût fait toutes sortes de diligences pour s'en procurer une, et qu'il ne fût parvenu à l'obtenir, quand on sait à quelles recherches Léonard se livroit pour satisfaire son ardent et infatigable désir d'être rigoureusement vrai et parfait dans ses imitations de la nature.

Comme nous aurons à remarquer par la suite que plusieurs apôtres ont, ainsi que J. C., les cheveux longs, tandis que d'autres les ont courts; que quelques-uns sont imberbes, ou n'ont qu'une barbe naissante comme la sienne, quoiqu'ils soient, ainsi que lui, à un âge où communément elle est fort avancée; il convient de ne pas quitter la figure du Sauveur sans donner auparavant sur ce point, comme aussi sur ce que ses vêtemens ont de commun avec ceux des autres, et de particulier à sa personne, quelques explications qui nous dispensent de revenir sur tous ces objets, en parlant de tel ou tel autre personnage du Cénacle.

Les cheveux longs étoient le signe extérieur caractéristique des Nazaréens de pre-

miere classe (1); et l'on appeloit de ce nom
ceux des juifs qui faisoient profession d'une
plus rigide observation de la loi du Lévitique, laquelle, entre autres préceptes,
défendoit d'avoir la chevelure coupée en
rond, et vouloit qu'on la portât dans toute
sa longueur naturelle (2). Celle de J. C.
paroît même peignée avec soin, plus encore
que celle des autres Nazaréens qui sont à
sa table, parce qu'il avoit dû leur rendre
bien sensible par son exemple, ce qu'il leur
avoit prescrit à cet égard, lorsqu'il leur avoit
dit que „ la négligence affectée n'étoit pas
un signe de vertu, mais d'hypocrisie ; et
qu'il falloit qu'ils eussent soin d'oindre leur
tête et de laver leur visage (3) "".

En ne donnant qu'une barbe naissante

---

(1) Flavius Josephe : *Antiquit. Judaic.* L. **IV**
c. 4.

(2) *Neque in rotundum attondebitis comam.*
(Levit. c. 19. v. 27, et c. 21. v. 5) — *Sanctus
erit, crescente caesarie capitis ejus.* (Num. c. 6.
v. 5).

(3) *Nolite fieri sicut hypocritae tristes . . . un-
ge caput tuum et faciem tuam lava.* (Matth. c. 6.
v. 16 et 17).

à J. G. qui cependant avoit environ 33 ans,
Léonard a bien fait autre chose que d'imiter
servilement les modèles dont il a été parlé ;
il s'est rendu compte à lui-même des raisons
de cette espèce de phénomène : la preuve
en est dans l'attention qu'il a eue de ne peindre qu'avec une barbe aussi peu avancée,
ceux des apôtres qui étoient du même âge
que J. G. ; et de représenter imberbes ceux
d'entre eux qui n'avoient pas trente ans. La
naissance de la barbe annonçoit, chez les
Hébreux, qu'on étoit passé de l'adolescence à
l'état de virilité, auquel on ne parvenoit
point avant cet âge comme l'attestent S. Augustin, Cicéron et Varron (1). Dès qu'on y
étoit parvenu, l'on étoit regardé comme introduit dans l'honorable chemin de la vieillesse ; et c'est pour cela que les Hébreux
appeloient la barbe du nom de *Zahan* qui
dérivoit d'un de leurs verbes dont la signification est la même chose que *Vieillir*.
Dès-lors que c'étoit un honneur d'être arrivé
à cette époque de la vie, c'eut été se dé-

_____

(1) S. Aug. *De civitate Dei*. L. XXII. c. 15 =
Cicer. *in Topicis*. - Varr. *apud Nonium*.

grader que de se donner, comme nous le faisons, l'air de l'adolescence en se rasant la barbe; et voila pourquoi dieu l'avoit défendu (1). La permission que les juifs avoient de la couper sans rasoir, lorsqu'elle incommodoit, ne donnoit pas lieu à ce genre de dégradation, parce qu'alors il restoit toujours assez de barbe pour attester la virilité.

La robe ou tunique de J. C. n'a, et ne devoit avoir rien de particulier dans le tableau de Léonard, si ce n'est la couleur. Il l'a peinte en pourpre conformément au morceau de la véritable robe du Sauveur que l'on conservoit à Rome, dans l'eglise de S.te Marie-Majeure. Elle est faite suivant l'usage du temps et du pays où il vécut, c'est-à-dire en laine, et tissue avec des fils de la même espèce, parceque la loi ne vouloit pas qu'elle fût de deux matieres différentes (2).

---

(1) *Nec radetis barbam.* (Levit. c. 19. v. 27 et c. 21. v. 5).

(2) *Veste, quae ex duobus texta est, non indueris.* (Levit. c. 19. v. 19) – *Non indueris vestimento, quod ex lana bissoque contextum est.* (Deut. c. 22. v. 11).

Elle est en outre d'une seule pièce, et sans couture, comme l'évangile nous dit qu'étoit celle du Sauveur (1). Descendant jusqu'aux talons, elle est fermée de toutes parts dans sa hauteur, de maniere à ne pouvoir être vêtue que par l'ouverture faite pour la tête, comme Isidore et Théophilacte nous disent qu'on la portoit chez les Galiléens (2) : il n'y avoit que les lépreux à qui il fût permis de l'avoir ouverte dans sa hauteur (3). Enfin elle est resserrée avec une ceinture, parce que la bienséance le vouloit ainsi chez les Juifs, et que J. C. le recommandoit lui-même à ses disciples (4); c'eut été dans leur nation, comme chez les Romains, une chose ignominieuse d'aller sans ceinture (5). L'agrafe qui sert à fixer la tunique sur la poi-

---

(1) *Erat autem tunica inconsutilis, desuper contexta per totum.* (Joan. c. 19. v. 23).

(2) Voy. J. J. Hofmann : *Lexicon,* au mot *Tunica ;* et Octavio Ferrari *De Re Vestiaria.*

(3) *Habebit* (leprosus) *vestimenta dissuta.* (Levit. c. 13. v. 45).

(4) *Sint lumbi vestri praecincti.* (Luc. c. 12. v. 33).

(5) Dion. Cassius L. LXIII.

trine, est ornée d'une pierre précieuse dont la couleur, différente de celle de l'agrafe de quelques-uns d'entre les autres personnages qui en ont une, nous paroit déterminée chez lui, comme chez eux, par celle de la tribu à laquelle il appartenoit, suivant qu'elle avoit été représentée par l'ordre de dieu même, au moyen d'une pierre particuliere, sur le Rational du Grand Prêtre (1). L'émerande que nous voyons à J. C., désignoit la tribu de Juda dont il étoit.

Ces manches de lin que l'on voit des-

_____

(1) Exod. c. 28. v. 17. Ces pierres étoient la sardoine, la topaze, l'émerande, l'escarboucle, le saphir, le jaspe, le ligurius (espéce d'escarboucle), l'agathe, l'améthyste, la chrysolite, l'onyx, et le béril. On croit que la 1. désignoit la tribu de Ruben; la 2. celle de Siméon; la 3. celle de Juda; la 4. celle de Dan; la 5. celle de Nephtali; la 6. celle de Gad; la 7. celle d'Aser; la 8. celle d'Issachar; la 9. celle de Zabulon; la 10. celle d'Ephraïm; la 11. celle de Manasse; et la 12. celle de Benjamin. La tribu de Lévi qu'on ne voit point ici nommée, etoit celle d'Ephraim ou de Manassé suivant l'avis de quelques uns; et suivant d'autres, celle de Juda.

cendre jusques sur les poignets du Sauveur, porteroient à croire, au premier coup
d'œil, que notre peintre l'a mis en contradiction avec la défense qu'il avoit faite à
ses apôtres d'avoir deux tuniques (1), puisqu'il sembleroit par là, que J. C. portoit une
de ces chemises que les Romains appeloient
indusium, et que Varron a mise dans la
classe des tuniques (2). Ce n'est pas que la
chemise de lin fût défendue chez les
juifs (3); mais elle n'étoit guères portée que
par les gens sensuels (4): aussi Léonard
a t-il eu soin de ne laisser appercevoir, vers
le col de la tunique, rien qui pût faire
croire que J. C. portât une chemise.
Et s'il a fait paroitre avec une sorte d'affec-
tation ces deux manches de lin si prolon-
gées, ce n'a pu être qu'avec une intention

---

(1) *Nolite possidere duas tunicas.* (Matth. c.
10. v. 10) *Neque duas tunicas habeatis.* (Luc. c. 9.
v. 3).

(2) Varr. *apud Nonium.* – J. J. Hofman: *Lexicon*, au mot *Tunica* – Oct. Ferrari: *De Re Vestiaria* L. 1. c. 38 ; et L. III. c. 2.

(3) *Vestimenti linei*, *staminis atque subtegu-
minis* (Levit. c. 13. v. 59).

(4) J. J. Hofmann: *Lexicon*, au mot *Tunica*.

particuliere. On la devineroit peut-être aisément, en se rappelant que les prêtres, chez les Juifs, n'offroient pas les sacrifices sans avoir une sous-tunique en lin (1). Léonard auroit-il donc voulu montrer par là, que le Sauveur étoit sur le point d'offrir celui qu'il institua dans cette rencontre ?

On ne s'étonnera pas qu'il ait donné un manteau à J. C. et à chacun des apôtres, parce qu'on sait que les Hébreux avoient été autorisés par dieu même à en porter un (2); mais on pourra demander pourquoi le peintre en a garni les bords avec une sorte de luxe, en mettant tout autour de petits galons d'or. Mais s'il y avoit manqué, il auroit montré une ignorance qui n'étoit point son partage. Dieu même avoit voulu que le manteau des enfans d'Israël eût cette sorte de magnificence (3). Ce qui pourra surprendre,

_____

(1) Flav. Joseph. *De bello judaico* L. VI.

(2) Num. c. 15 – Deut. c. 22. Matth. c. 5. v. 40. *Et ei qui vult tecum judicio contendere, et tunicam tuam tollere, dimitte ei et pallium.*

(3) *Ut faciant fimbrians.* (Num. c. 15. v 38); *Funiculos in fimbriis.* Deut. c. 22. v. 12). *Dilatant* (Pharisaei et Scribae) *phylacteria sua, et magnificant fimbrias.* (Matth. c. 23. v. 5).

c'est que ce peintre ait laissé le manteau sur l'épaule de ses personnages pendant le repas. Mais c'étoit, surtout en cette occasion, qu'on s'en faisoit honneur; et il le savoit trop bien pour se permettre de les représenter alors sans cet ornement (1). Il avoit d'ailleurs très bien conclu de ce que l'evangile et S. Augustin disent au sujet du lavement des pieds, qui s'étoit fait au commencement de la cêne, que J. C. devoit avoir son manteau à table, au moment de la terrible révélation; car le premier dit que, pour procéder à cet acte d'humilité, il se leva de table et déposa celui des vêtemens qui l'auroit embarassé; et le second assure qu'il le reprit pour s'y asseoir de nouveau (2). C'étoit un fait si constant que les apôtres avoient,

---

(1) Pour connoître l'opinion des Juifs à cet égard, il suffit de savoir celle des Romains qui, ayant sous le regne d'Auguste adopté le manteau des Grecs et des peuples de la Palestine, se croyoient principalement obligés de l'avoir à table. Voy. Sueton. *in August.* - Aelius Spartanus - Perse: *Sat. I.* etc. etc.

(2) *Surgit a coena et posuit vestimenta sua.* (Joan. c. 13. v. 4). - *Resumptis vestimentis, iterum recubuit.* (S. Aug. *Epist.* 118 *ad Januarium*).

ainsi que J. C. le manteau sur l'épaule,
alors qu'immédiatement après l'affligeante dé-
claration, il les rendit participans de son
corps et de son sang, que les premiers
chrétiens, qui, suivant leur exemple, adopterent l'usage du manteau, ne manquerent
jamais de s'en couvrir pour cette raison-là
même, quand ils alloient communier (1).

Nous n'avons plus à parler que de la
chaussure que notre peintre a donnée à
J. C., et qui se trouve être à peu-près la
même que celle des autres personnages. Il
ne convenoit pas plus de les chausser autrement, qu'il n'auroit convenu à leur maître de
se procurer à lui même une chaussure plus
commode et plus élégante, après leur avoir
défendu de porter autre chose que des sandales (2). Si l'on alloit reprocher à notre artiste d'avoir fait les siennes trop façonnées, il
auroit pour justification le nom dont celles de
S. Pierre sont appelées dans les actes des
apôtres, lequel feroit croire que c'étoient des

---

(1) Tertullien : *De Toga ad Pallium*, c. 4.
et 6.

(2) *Nolite possidere calceamenta.* (Matth. c. 10
v. 10) – *Sed calceatos sandaliis.* (Marc. c. 6. v. 9).

bottines (1) ; Le peintre nous paroit avoir suivi en cela l'opinion de S. Clément d'Alexandrie qui donne à entendre que leurs sandales en avoient un peu la forme (2).

Après avoir expliqué tout ce que Léonard a mis de particularités dans sa représentation du Sauveur, et ce qu'il a de commun dans le vêtement, la chevelure et la barbe, avec la plupart des apôtres ; entrons dans l'exposition de l'ordre selon lequel nous les croyons placés ; et tâchons d'abord de les reconnoitre tous, l'un après l'autre, par le moyen de l'évangile, de l'histoire et des SS. Peres.

C'est incontestablement S. Jean, fils de Zébédée, et cousin de J. C., qu'on voit le premier à sa droite (3) ; cette place de prédilection lui avoit été assignée par son divin maître pour qu'il pût avec liberté se repo-

---

(1) *Calcea te caligas tuas.* (Act. ap. c. 12. v. 8).

(2) S. Clem. Alexand. *in Recognitione.*

(3) Toutes les différentes traditions sont d'accord sur ce point, ainsi que sur les places diverses où nous reconnoitrons S. Pierre, S. Thomas, S. Matthieu, et Judas.

ser tendrement sur son sein, comme il en eut le bonheur dans cette cêne. Quoiqu'il fût né à Bethsaïde, il a, comme lui, les cheveux de toute longueur, parcequ'il étoit Nazaréen de cœur et de conduite (1); il est encore imberbe, parcequ'il n'avoit guères plus de 27 ans, à cette époque. Toute la tendresse d'ame et la douceur de caractere qu'il a montrées dans ses épitres et dans le cours de son apostolat, se retrouvent sur son visage vraiment angélique, ainsi que cette sublimité de génie, cette grandeur d'expression qu'il a deployées dans le début de son évangile et dans son apocalypse. Sa tunique et son manteau ne différent du manteau et de la tunique du Sauveur que par la couleur. L'agrafe qui la fixe sur sa poitrine, est ornée d'une pierre violette qui semble indiquer qu'il appartenoit à la tribu de Zabulon à laquelle l'améthiste étoit consa-

---

(1) Flavius Josephe nous apprend que les habitans de Nazareth s'étant distingués par une plus parfaite observance des lois de Moise, ceux qui, dans les autres parties de la Judée, marcherent sur leurs traces, furent appelés. *Nazaréens.* (*Antiq. Judaic.* L. **IV.** c. 4).

eréc. Le peintre en cette occasion paroît s'être prévalu de ce qu'avoit dit le Prophête-Roi, lorsqu'il avoit annoncé que „ les principaux d'entre les apôtres seroient de la tribu de Zabulon, ou de celle de Nephtali (1) „.

Il est impossible de ne pas reconnoître à la droite de Jean, le perfide Judas ; et ce n'est pas uniquement pour obtenir l'effet d'un frappant contraste, que Léonard a rapproché ces deux personnages : c'est aussi pour se conformer à la vérité historique ; car Judas étoit l'un des plus anciens disciples de J. C. Il avoit été appelé même avant S. Jean, S. Pierre et S. André. L'âge très viril que le peintre lui a donné, est analogue à la maturité de réflexion, et à l'habitude de scéleratesse que son plan de trahison supposoit. Il porte sur son visage l'indice de la laideur et de la méchanceté de son ame. La rudesse de sa barbe noire et fortement crépue semble indiquer la dureté de son caractere. Ses che-

---

(1) *Principes Juda, duces eorum, principes Zabulon et principes Nephtali.* (*Psalm.* 67 – *Genes.* c. 49).

veux de même nature sont courts, parceque
ses inclinations devoient le tenir éloigné des
usages comme de la perfection des Nazaréens.
Léonard a même voulu qu'ici, il se montrât déja violateur de la défense que J. C.
avoit faite à ses disciples de porter deux
tuniques. La bourse qu'il tient de sa main
droite, n'est point, comme l'a cru le P. Pino, celle qui contenoit le prix de la trahison (1), parcequ'il ne le reçut pas avant
qu'elle fut consommée (2). Et quand même
il l'auroit eu déja reçu, Léonard n'auroit
pas commis la grossiere maladresse de faire
que cet hypocrite, qui repoussoit alors comme les autres le soupçon qui planoit sur
toutes les têtes (3), et avoit encore le plus
grand intérêt à tenir son noir projet caché,
montrât avec tant d'imprudence l'argent qu'on
lui auroit donné pour trahir leur maître.

_____

(1) *Relazione genuina* ec. pag. 84.

(2) On ne lui en avoit fait que la promesse :
Promiserunt ei pecuniam se daturos. (Marc. c. 14.
v. 11) - *Pacti sunt pecuniam illi dare.* (Luc. c.
22. v. 5).

(3) *Respondens autem Judas, dixit : numquid
ego sum ?* (Matth. c. 26. v. 25).

Cette bourse que le peintre a mise dans sa main, est celle qui contenoit l'argent néces- saire aux dépenses communes de la société de J. C. et des apôtres dont il étoit le tré- sorier (1). C'est pour cela que, quand il sor- tit du Cénacle pour aller consommer son crime, quelques-uns des convives voyant qu'il emportoit la bourse, crurent que J. C. lui avoit dit: „ allez acheter ce qu'il faut pour le jour de la fête, ou préparez ce qu'il convient de donner aux indigens (2). »

S. Pierre, dont il étoit l'ancien parmi les disciples, ne se trouve pour cette raison

---

(1) Jean Villani raconte (L. IX. c. 16) que le Pape Jean et ses cardinaux disoient que Judas étoit le camerlingue, ou chambellan de J. C. et des apôtres ; parcequ'il étoit chargé de la dépense. — Huon de Méri dans son *Tournoyement* ou tour- nois *de l'Antechrist*, fait parler Judas en ces ter- mes :

„ Je suis chambellan d'Antechrist,

„ Je gard son or et son argent ".

(Voy. le Présid. Fauchet, *Origine des dignités*, Chapitre *des Chambellans*. fol. 486 verso).

(2) *Quidam enim putabant, quia loculos habe- bat Judas, quod dixisset ei Jesus : Eme ea quae opus sunt nobis ad diem festum, aut egenis ut ali- quid daret.* (Joan c. 13. v. 29).

6

qu'après lui à la table de leur maître. On peut croire son portrait aussi ressemblant que celui du Sauveur, parce que, se trouvant conforme à tous ceux qu'on faisoit de S. Pierre, au temps de Léonard, il a pu être une copie de celui qu'Eusèbe en avoit aussi vu à Césarée (1). Son front ouvert et plein de dignité annonce la franchise de son dévouement et la magnanimité de ses pensées, en même temps qu'il indique, par l'élévation des sourcils, cette présomption qui faisoit dire à cet apôtre, dont cependant le lâche reniement à la voix d'une simple servante montrera la foiblesse : „ Seigneur, je suis pret à vous suivre partout, jusques dans les prisons et même à la mort (2) “. Son vêtement consiste en une tunique et un manteau semblables, pour la forme, à la tunique et au manteau de S. Jean. L'un et l'autre de ces apôtres étoient pêcheurs. L'espece de couteau de chasse qui est suspendu au côté de Pierre, n'est qu'un instrument néces-

---

(1) Eusèb. *Hist.* L. VII. c. 18.

(2) *Tecum paratus sum et in carcerem et in mortem ire.* (Luc. c. 22. v. 33).

saire à sa profession qu'il exercera encore après la mort, et jusqu'à l'ascension de J. C. Léonard a judicieusement pensé qu'il devoit l'avoir en ce repas, puisque ce fut, en partant de là, qu'il se rendit avec le Sauveur au jardin de Gethsémani, où il coupa l'oreille à Malchus avec le glaive qu'il portoit.

C'est S. Barthélemi que nous croyons voir après S. Pierre (1). La magnificence que le peintre a mise dans ses vêtemens, et la noblesse qu'il a donnée à son visage, montrent qu'il a voulu représenter un apôtre dont l'extraction étoit noble, et la précédente condition relevée. Ce n'a pu être que Barthélemi, lequel passoit, du temps de Léonard, pour avoir été de la famille du roi des Syriens (2). Il est le seul à qui l'on

---

(1) Le P. Casati est d'accord avec nous ; mais le nomenclateur de Ponte-Capriasca prétend que ce personnage est S. André.

(2) C'étoit l'opinion de Sabellicus (L. II. c. 8) de Marulle (L. III. c. 8) etc. etc.; mais Calmet, refuse à cet apôtre l'origine royale que d'autres lui attribuent, sans pouvoir lui en assigner positivement une autre. Cependant il avoue que le nom *Barthélemi* veut dire fils de Ptolémée ; que cet apôtre étoit de la

voie un large galon d'or-plein au col de la tunique, et dont la tunique ait la couleur éclatante de l'or. Aucun des autres personnages n'a l'agrafe d'une pierre précieuse aussi large, aussi éclatante. C'est évidemment une escarboucle, par où le peintre a montré qu'il savoit que Barthélemi étoit de la tribu de Dan dont cette pierre fut l'emblême.

Il est difficile de comprendre comment on a pu dire que le personnage qui se trouve après lui, est S. Jacques le mineur (1), qui avoit, alors de la cêne, environ 66 ans, puisque celui-ci n'est guères que de l'âge de J. C. C'est bien certainement S. Jacques, fils de Zébédée, et frere de S. Jean, respectivement auquel on l'ap-

---

tribu de Dan : ce qui est revenir à l'opinion qu'il combat, car cette tribu touchoit à la Syrie, et même en faisoit partie. (Voy. la Genèse, c. 35. v. 26 - Ezéchiel c. 48. v. 1 et 2).

(1) C'est l'erreur où son tombés le P. Casati et le nomenclateur de Ponte-Capriasca, qui ont cru bonnement que, puisqu'il y avoit deux Jacques, d'âge différent, il convenoit de donner le titre de *mineur* au plus jeune, et celui de *majeur* au plus âgé. Il leur auroit suffi, pour se détromper, d'ouvrir le bréviaire, ou la vie des Saints.

pèloit *majeur*, à cause de sa primogéniture.
Il ressemble à J. C., parcequ'il en étoit cou-
sin-germain par sa mere qui étoit sœur de
la sienne (1) ; et il lui ressemble plus formellement que son frere, parce que l'adolescence de celui-ci ne comportoit pas ces
traits virils qui caractérisent une physionomie. Par cela même que celle de Jacques
étoit susceptible d'une ressemblance plus ca-
ractérisée, à raison de son âge, elle l'étoit
aussi de porter l'empreinte de quelques passions vives : et voila pourquoi l'ingénieux
Léonard l'a composée de maniere à nous
rappeler que c'est le même apôtre dont le zèle
un peu violent avoit demandé à J. C. de
faire tomber le feu du ciel sur les Samari-
tains, et dont l'ardeur ambitieuse vouloit
obtenir, pour lui et pour son frere, les deux

_____

(1) Voyez Thomas Cantipratanus, L. II.
Apum c. 29. - La figure de S. Jacques-Zébédée
dans notre tableau, est, quant aux traits, la même à peu-près qu'on voit dans une tête de J. C.
en miniature, que possédent MM. les freres Tri-
vulzio à Milan, et qui passe pour être de Léonard.
Il en existe une jolie gravure faite par Morghen.

premieres places auprès de leur divin maître. Néanmoins ces sentimens impétueux sont
habilement conciliés, sur son visage, avec une
tendresse d'affection analogue à celle de son
frere ; et l'on y voit encore l'indice de la
même vertu de chasteté qui reluit avec tant
d'éclat sur le front de celui-ci. La figure de
Jacques Zébédée et celle de Jacques d'Alphée étoient, dans le Cénacle des dominicains, ce que Léonard croyoit y avoir fait
de mieux. L'apôtre dont il est ici question,
étant comme Jean, son frere, de la religion
des Nazaréens ; le peintre a donc agi très
judicieusement en lui donnant une longue
chevelure. Son vêtement ressembloit pour la
forme à celui des autres apôtres pêcheurs
de profession, dans le réfectoire *delle Grazie,*
comme en font foi deux petites copies anciennes qui paroissent venir des temps voisins de celui de Léonard (1) ; mais, dans
notre tableau, il nous offre quelques différences ; et l'on en verra l'explication dans
la suite de notre ouvrage.

----

(1) Nous en parlerons plus amplement au
Chap. VII.

Le sixiéme apôtre du même coté, celui qui se trouve à l'extrémité de la table,
ne peut être, comme on l'a cru, ni S. Jude ou Thadée (1), ni S. Barthélemi (2) :
ce que nous avons dit de celui-ci, et ce que
nous dirons de l'autre, en seront la preuve.
Nous croyons bien plutôt, avec le dernier
éditeur de Vasari qui, en cela, paroît avoir
eu pour guide M. De Pagave, que ce
personnage est S. Philippe (3). Les raisons
sur lesquelles nous nous fondons, sont la
place qu'il occupe, la chevelure qu'on lui
voit, l'âge qu'il montre, et le caractere de
sa physionomie. Philippe fut en quelque
sorte le pourvoyeur de la table de J. C.
C'étoit à cet apôtre qu'il s'étoit adressé
pour avoir des pains afin de nourrir la
multitude qui le suivoit dans le desert (4).

---

(1) Le P. Casati, dans la *Relazione genuina* du
P. Pino, page 23.

(2) Le nomenclateur de Ponte-Capriasca.

(3) Vasari, *Supplemento alla vita di Lionardo*.
Edit. de Sienne. tom. V. page 70.

(4) *Dixit ad Philippum : unde ememus panes
ut manducent hi?* (Joan. c. 6. v. 5.)

C'est lui qu'il avoit plus particulièrement désigné pour le servir, en l'avertissant qu'il devoit le suivre pour être en tout lieu son serviteur d'une manière spéciale (1). Il avoit en outre l'emploi d'introducteur auprès de son maître, car ce fut à lui que recoururent les gentils qui vouloient voir le Sauveur (2). Toutes ces diverses fonctions exigeoient qu'il fût en une place qui lui laissât la facilité de les remplir ; et voilà pourquoi, ce me semble, Léonard l'a mis en celle ci, d'où il peut, sans déranger les voisins, se lever et aller partout où elles l'appellent. La précaution que le peintre a eue de relever (3) le man-

---

(1) *Venit Philippus . . . . Jesus autem respondit . . . . Si quis mihi ministrat, me sequatur ; et ubi sum ego, illic et minister meus erit.* (Joan. c. 12. v. 22. 23. 26).

(2) *Hi ergo accesserunt ad Philippum, et rogabant eum dicentes : Domine, volumus Jesum videre.* (Joan. c. 12. v. 21).

(3) Quand on reconnoîtra indubitablement S. Jacques le mineur dans l'apôtre qui est à l'autre extrémité de la table, et comme allant de pair avec Philippe ; si l'on veut bien alors se rappeler en même temps que l'église a réuni ces deux

teau de ce personnage de maniere à ce qu'il eût toute l'agilité nécessaire pour faire son service, vient à l'appui de notre opinion (1).

---

apôtres en une même fête (le 1 mai), on aura une nouvelle raison de croire que ce personnage est S. Philippe.

(1) L'auteur du *Supplemento alla vita di Lionardo* dans la derniere édition de Vasari, dit, en paroissant copier M. De Pagave, que cet apôtre est *vestito nobilmente alla romana* : ce qui ne peut s'entendre que de la maniere dont son manteau est relevé, car sa tunique ressemble à celle des autres apôtres pêcheurs. Quintilien prouvera tout-à-l'heure que ce n'étoit pas ainsi que les Romains portoient *noblement* leur manteau. Celui-ci seroit bien plutôt relevé à la grecque, si l'on en juge par l'Apollon du *Belvcder* qui a le sien également noué sur l'épaule droite, pour la raison que le bras de ce coté devoit avoir toute la liberté requise afin de pouvoir tendre l'arc et décocher le trait. Ce n'est donc que pour en ménager une entiere au bras droit de cet apôtre, serviteur actif de J. C., que Léonard a relevé de même son manteau : sur quoi il est bon d'observer que cette divine statue, ainsi que les autres beaux modéles de l'antiquité grecque, d'après lesquels Raphaël eut le bonheur de travailler, n'avoit probablement pas encore été vue par Léonard. Il en auroit imaginé les formes, l'attitude et l'expression, comme il en a deviné l'ajustement.

La courte chevelure que noûs lui voyons,
concourt également à prouver que c'est
Philippe, qui ne fut du tout point Nazaréen,
puisqu'il vouloit donner la sépulture à un
cadavre avant de suivre J. C., quand celui-
ci l'eut appelé (1); et que les Nazaréens
avoient pour principe de s'abstenir rigoureusement d'un tel office : la seule présence d'un corps mort étoit pour eux comme
une souillure (2). En troisieme lieu, l'âge
que Philippe devoit avoir à l'époque de la
cêne, correspond à celui que montre le personnage : S. Clément d'Alexandrie nous dit,
que, tout pere que déja Philippe se trouvoit
alors d'une assez nombreuse famille, il étoit
jeune encore (3). Enfin sa physionomie achève

---

(1) *Jesus autem ait illi : sequere me, et dimitte
mortuos sepelire mortuos* (Matth. c. 8. v. 21).

(2) *Super mortuum non ingredietur . . . . Sin
autem mortuus fuerit , subito quispiam coram eo
polluetur caput conservationis ejus* etc. (Num. c. 6.
v. 5. 6. 9). Voyez encore à ce sujet , S. Isidore :
De originibus ; et *Comment. in libr. hist. veteris te-
stamenti.*

(3) Voy. S. Clém. d'Alexand. *in Recognitione* ;
et le ch. 30 du livre III. d'Eusèbe qui ajoute que

de nous confirmer dans notre opinion , parcequ'on y voit le caractere inquiet , et curieux
de cet apôtre qui avoit cru qu'il faudroit du
pain pour plus de deux cens deniers afin-
que J. C. pût nourrir cinq mille personnes (1) ; et qui , dans le repas même de la
cène , lorsque le Sauveur parloit de son père,
lui dit avec une impatiente curiosité: ,, faites
nous le voir ; sans cela , je ne serai pas satisfait (2) ''.

S. Philippe vécut presque jusqu'à l'époque où
mourut S. Jean , lequel n'avoit guerès plus de 27
ans , lors de la cène , et parvint , comme on sait ,
à une extrême vieillesse.

(1) *Respondit ei Philippus : ducentorum dena-*
riorum non sufficiunt eis ut unusquisque modicum
quis accipiat (Joan. c. 6. v. 7).

(2) *Dicit ei Philippus : Domine , ostende nobis*
patrem , et sufficit nobis (Joan. c. 14. v. 8).

CHAPITRE V.

Les apôtres de la gauche du Sauveur faciles à reconnoître par les mêmes moyens que l'ont été ceux de la droite. Continuation du chapitre précédent.

Nous n'aurons point de contradicteurs quand nous dirons que le personnage, assis à la gauche de J. C., est S. Thomas (1). Le peintre lui a donné cette place distinguée parce que sa vocation avoit précédé celle de Pierre, d'André, de Jean et Jacques-Zébédée, de Philippe et de Matthieu. On le nommpit aussi *Dydime*, ce qui signifie jumeau, sans dire avec qui il étoit né. Cependant Eusèbe, en nous apprenant qu'on l'appeloit aussi du nom de Jude que portoit l'apôtre connu par le surnom de Thadée, feroit croire que c'étoit de celui-ci qu'il étoit frere jumeau (2).

***

(1) Le P. Casati et le nomenclateur de Ponte-Capriasca sont, ici, d'accord avec nous.

(2) Eusèbe, *Hist.*, L. 1. c. 13, dit : *Judas qui etiam Thomas dictus est.*

La confiance particuliere que Thomas avoit
en lui, puisqu'il lui donna une mission importante auprès du roi Agbare, après l'ascension de J. C. (1), justifieroit assez cette
conjecture qui, du reste, nous semble avoir
été faite par Léonard lui même, car il a
mis quelque ressemblance de figure et d'âge
entre S. Thomas et son voisin que nous re-
connoîtrons pour être S. Jude ou Thadée.
En composant la physionomie de Thomas, il
a très évidemment pris pour modèle le caractere connu de ce disciple impétueux qui,
apprenant la mort de Lazare, dit si vivement à ses confreres : ,, allons et mourons
avec lui (2) "; de cet homme défiant qui,
dans cette eène là même, douta de ce que
J. C. disoit de son prochain départ vers son

---

(1) Eusèbe *ibidem* : - S. Jérome (*in Cap.*
Matth. 10) assure que ce fut le Thadée, apôtre;
et non le Thadée, simple disciple, que Thomas
envoya au roi Agbare.

(2) *Dixit Thomas, qui dicitur Dydimus, ad*
condiscipulos : eamus et nos, ut moriamur cum eo.
(Joan. c. 11. v. 11 et 16).

père (1) et qui ensuite ne put croire à sa ré-
surrection qu'apres avoir mis le doigt dans
ses playes (2) ; de cet apôtre enfin qui,
prompt à s'effrayer, recula d'épouvante, lorsqu'il lui fallut aller porter l'évangile à des
peuples hydeux et féroces (3). L'austérité de
mœurs dont on sait que Thomas faisoit profession, n'a point laissé douter à notre peintre qu'il ne fût Nazaréen ; il lui en a donné
la chevelure. Comme il n'avoit pas de raison
pour le vêtir d'une tunique différente de
celle qui étoit en usage, il l'a vêtu comme
les autres ; et l'espéce d'améthiste, qui se
voit dans son agrafe, sembleroit montrer que
Léonard, regardant Thomas comme un des
principaux apôtres puisqu'il le plaçoit auprès de J. C , l'a jugé digne d'appartenir
à la tribu de Zabulon, quoiqu'il fût né en

---

(1) *Domine, nescimus quo vadis.* (Joan. c. 14.
v. 5).

(2) *Nisi videro in manibus ejus fixuram clavorum , et mittam digitum meum in locum clavorum,
et mittam manum meum in latus ejus , non credam.*
(Joan. c. 20. v. 25).

(3) Nicéphor. *Hist. Eccles.* L. II. c. 4.

Galilée. S'il paroit être à table sans manteau, c'est que son mouvement en arrière, et comme à la renverse, ne permettoit pas qu'il le conservât sur ses épaules.

Ce sera donc S. Jude, dit Thadée, que nous verrons dans ce personnage qui, s'etant levé brusquement de la gauche de Thomas où il étoit assis, s'avance vers le Sauveur. Sa figure n'annonce pas un âge analogue à celui que devoit avoir l'un ou l'autre des apôtres (André ou Jacques) dont on a donné le nom à celui-ci (1). Ne voit-

---

(1) Le P. Casati a dit que c'étoit S. André, sans penser que cet apôtre devoit être alors d'un âge très voisin de la vieillesse, suivant les auteurs des *Annotationes in Eusebi historiam* (page 718, col. 2). Le nomenclateur de Ponte-Capriasca prend ce personnage pour S. Jacques majeur, sans faire attention que l'apôtre auquel il donne le nom du frere de S. Jean, ne peut être reconnu pour tel, en aucune maniere. Si, par une suite de son erreur dans l'application des titres *majeur* et *mineur*, il a voulu parler de Jacques, fils d'Alphée, sa dénomination n'est pas moins inadmissible, parce que le personnage dont il est question, est encore loin de l'âge de Jacques le mineur qui avoit alors environ 66 ans.

on pas sur ce visage, cette ferveur de zèle qui, selon S. Jérome, valut à Jude le titre de *Zelotes* (1), et cette véhémence d'amitié qui lui fit décerner le nom de Thadée, dont l'équivalent est le mot *corcus* par lequel les latins désignoient cette maniere d'aimer (2)? N'y retrouve-t-on pas aussi la hardiesse avec laquelle il venoit de dire à J. C.: „ Eh! pourquoi ne vous manifesteriez vous qu'à nous, et non pas également au monde (3) "? Rapprochez encore de ce visage le portrait que cet apôtre a laissé de son caractere dans son épître canonique ; et vous y reconnoitrez le même personnage.

Quel sera cet autre que Léonard a voulu représenter dans le voisin de Jude-Thadée ? Si c'est S. Simon (4), comme nous n'en

---

(1) S. Jérome : *Commentar. in cap.* 4 *epist. ad Galatas.*

(2) S. Jérome : *in cap. X. Matthaei.*

(3) *Quid factum est, quia manifestaturus es nobis te ipsum, et non mundo?* (Joan. c. 14. v. 22).

(4) Le P. Casati est du même avis ; mais le nomenclateur de Ponte-Capriasca veut que ce soit

doutons pas, il cet manifeste que le peintre a été décidé à rapprocher ainsi ces deux apôtres, d'abord par l'exemple de l'eglise qui les avoit déjà réunis dans la fête qu'elle leur avoit dédiée (1) ; et ensuite par le rang que l'évangile selon S. Matthieu avoit assigné à Simon en le plaçant immédiatement après Thadée, dans sa liste des apôtres (2). S. Luc le met pareillement à coté de celui-ci, soit dans son évangile, soit dans le livre des Actes (3). La douceur extrême, la bonté affectueuse qui signalerent l'apostolat de Simon, ne pouvoient être mieux exprimées qu'elles ne le sont sur la physionomie de ce personnage, où notre peintre a relevé leurs charmes par la caudeur et la douce sensibilité de l'adolescence. Simon en effet devoit être alors très jeune, si ce fut lui qui trente ans

S. Philippe qui, étant alors déjà père d'une nombreuse famille, ne pouvoit pas être aussi jeune que ce personnage encore imberbe.

(1) Le 28 octobre.
(2) Matth. c. 10. v. 3 et 4.
(3) Luc. c. 6. v. 15 et 16 - *Act. apost.* c. 1

après, succéda à S. Jacques le mineur sur le siége épiscopal de Jérusalem, et gouverna cette église ensuite pendant 44 ans, comme le dit Eusèbe (1). Il auroit sans doute encore prolongé plus loin sa carriere, si le martyre ne fut pas venu terminer ses jours (2). Quoiqu'on l'appellât *frere de J. C.*, il ne pouvoit lui ressembler, parce qu'il ne l'étoit qu'en apparence. Joseph, dont il étoit le fils, l'avoit eu de la veuve de son frere Cléophas ou Clopas qui étoit mort sans enfans, suivant le témoignage d'Hégésippe, de Ruffin, de Nicéphore et de S. Epiphane (3).

---

(1) Eusèb. *Hist.* L. III. c. 11.

(2) S. Adon. *De festivitatibus Apostolorum.* c. 12

(3) S. Epiph. *Panarium.* - Hégésippe dans l'hist. d'Eusèbe L. III. c. 11. - Ruffin. *Hist.*; *Codice Parisiensis ecclesiae* - Nicéphore Constantinop. *in Chronologia*: L. I. c. 33. Sur quoi il faut observer, avec ces deux derniers auteurs, que la stérilité d'une femme étant alors, chez les juifs, un opprobre pour elle, une humiliation pour la famille, et un malheur pour la nation, il étoit permis à Joseph qui n'étoit *vir mariae* que *in adjutorio*, suivant l'expression de Ruffin, de rendre enfin mere la veuve de son frere Cléophas.

Quoiqu'on lui donnât aussi le titre de *Ze-lotes*, la vertu qui le lui avoit mérité, ne devoit pas être marquée sur son visage de la même maniere que sur celui de Thadée; elle s'y trouve cependant, mais admirablement conciliée avec la douceur de son caractere. Ces deux titres faisant justement présumer à Léonard que cet apôtre étoit dans les principes des Nazaréens, il lui en a donné la longue chevelure. Si, tout en le revêtant de la tunique ordinaire, il lui a couvert entiérement les épaules d'un manteau dont les deux extrémités viennent se joindre sur la poitrine, particularité qu'on ne retrouvera que dans le vêtement de Jacques le mineur; c'est qu'anticipant sur les époques, il a voulu marquer d'avance, suivant ce qu'avoit dit Eusèbe, que ce fut Simon qui succéda à celui ci dans l'épiscopat de Jérusalem. Ce *Pallium* d'une forme différente de celui des autres apôtres, et placé bien autrement que le leur, c'est-à-dire à la maniere dont le suprême Pontife des juifs portoit l'*humerale* (1), est le manteau des

_____

(1) Levitic. c. 8. v. 7. - S. Jérom : *De vesta*

Stoïciens, appelé tribonien, que les évêques et les prêtres de la primitive église adoptèrent (1). Simon étant incontestablement par son père et sa mere, de la tribu de Juda, dont l'émerande étoit l'emblême, le peintre a eu raison d'en placer une dans l'agrafe qui ferme et retient ce manteau.

S. Matthieu a toujours été reconnu dans le quatrieme personnage de ce coté de la table (2). Les habitudes que son état de receveur d'impôts avoit dû faire contracter à sa physionomie, sont marquées ici par ce front soucieux et ce regard scrutateur. La

---

sacra, ad Fabiolum. - Polydore : De Rerum inventoribus L. IV. c. 7.

(1) Cet usage dura jusqu'en 377, où il fut réformé par le canon 12 du concile de Gangres en Paphlagonie. - Voy. Oct. Ferrari : De Re vestiaria (Part. 2. L. IV. c. 18).

(2) Le nomenclateur de Ponte-Capriasca, et le P. Casati sont d'accord avec nous sur ce point ; ce qui fait croire au P. Pino que son confrere avoit raison en cela, c'est qu'il trouve à ce personnage l'air déterminé d'un receveur de Gabelles : perchè in atteggiamento risoluto, essendo stato ricevitore delle Gabelle. (Relaz. Genuin. page 23).

noblesse de pensées et d'affections, cette magnanimité vraiment philosophique, ainsi que cet esprit d'ordre et de détail dont il a fait preuve dans son évangile, sont empreintes sur toute sa personne. Le peintre l'a représenté jeune, parce qu'en effet il ne devoit avoir alors gueres plus de 28 ans ; car, lorsqu'il mourut, soixante neuf ans environ après l'ascension de J. C., sous le régne de Vitellius, il n'avoit point passé sa soixante-neuvieme année (1). Léonard a de même très bien jugé qu'il ne devoit pas lui donner la chevelure des Nazaréens, parce que leurs austeres pratiques ne pouvoient avoir été celles d'un homme qui exerçoit l'emploi très rophane de publicain ; et c'est de même t judicieusement qu'il a mis en son vête-ment quelques traces de l'opulence que lui procuroit sa condition de financier. Sa tunique d'une forme plus recherchée que celle des autres convives, est d'une étoffe plus précieuse. Lui seul releve son manteau à la maniere des Romains. Voué à leurs intérêts, puisque c'étoit sous leur autorité, que le

---

(1) Genebrand : *Chronologie sacrée.*

Tétrarque Hérode faisoit lever des impôts en Galilée, Matthieu ne pouvoit qu'avoir adopté quelques unes de leurs manieres élégantes. ,, Les gens considérés, dit Quintilien, arrangeoient leur manteau de façon qu'une partie venoit couler sous le bras droit dont elle laissoit la main libre ; et retournoit, en passant devant la poitrine, poser son extrémité sur le bras gauche, dont l'autre partie couvroit l'épaule (1). Matthieu étoit de la tribu de Lévi que plusieurs croyent avoir été celle-là même de Juda, dont l'émerande étoit le signe ; et c'est, pour cela, que nous en voyons une dans son agrafe.

Le frere de Pierre, son aîné même, suivant l'opinion commune, S. André én un mot, nous paroît être l'apôtre que Léon a représenté dans l'avant-dernier personnage (2). Sa physionomie qui n'est point dé-

---

(1) *Brachium laevum pallio involutum sola dextra eminente.* (Quintil. L. II. c. 3). - Voy. Oct. Ferrari : *De Re vestiaria* ; et J. J. Hofmann : *Lexicon*, au mot *Pallium*.

(2) Le P. Casati a prétendu que ce personnage étoit S. Philippe ; son âge prouve le con-

pourvue de ressemblance avec celle de Pierre, est loin de démentir ce penchant austere et inquiet qu'André avoit manifesté dans sa recherche des doctrines les plus parfaites et le plus sublimes. On sait qu'après avoir couru aux prédications de Jean Baptiste, il les avoit abandonnées pour suivre celles du Sauveur, dont la sévérité convenoit davantage à ses inclinations, d'après lesquelles notre peintre, qui pouvoit le croire Nazaréen, lui en a donné la chevelure. Les traits de son visage, qui devoient conserver quelques rapports avec la roture de sa profession de pêcheur, puisqu'il l'avoit exercée jusqu'à ce que les rides fussent venues les rendre incapables de changement, devoit néanmoins laisser appercevoir dans ses yeux et sur son front, l'élévation d'ame que lui communiquoit sa foi en J. C.; et c'est ce que notre ingénieux peintre n'a pas manqué de réunir sur cette physionomie. Ce n'est

---

traire. Le nomenclateur de Ponte-Capriasca dit que c'est S. Thadée; mais Thadée ne pouvoit être aussi âgé que le personnage que nous voyons.

point sans un motif puisé dans l'histoire, qu'il l'a représenté debout, presque hors de rang, et à peu-près au même degré d'éloignement que Philippe ; car André partageoit avec celui-ci, toutefois comme au dessus de lui, les fonctions d'introducteur auprès du Sauveur. Les Gentils qui avoient voulu le voir, s'étoient bien d'abord adressés à Philippe ; mais Philippe n'alla pas directement en avertir leur maître : il commença par en faire part à André ; et ce fut André qui marcha le premier quand ils allerent ensemble les annoncer à J. C. (1), qui lui dit alors comme à Philippe, que, partout où sa personne divine se trouveroit, ils en seroient les serviteurs.

On ne peut donner d'autre nom que celui de Jacques d'Alphée, ou le mineur, à ce vieillard que nous voyons à l'extrémité

---

(1) *Venit Philippus, et dicit Andreae: Andreas rursum et Philippus dixerunt Jesu . . . . Jesus autem respondit eis, dicens: . . . Si quis mihi ministrat me sequatur: et ubi sum ego, illic et minister meus erit.* (Joan. c. 12. v. 22. 23).

de la table (1). Son âge, le caractere de sa physionomie, la maniere toute particuliere dont il est vêtu, ne permettent pas de s'y tromper. Je dis 1.º son âge qui est très avancé, car S. Jacques le mineur étoit le plus âgé des apôtres: nous avons déja dit qu'il avoit, au moment de la cêne, environ 66 ans (2); et ce fut parce que son grand âge ne lui laissoit pas la force d'aller prêcher au loin l'évangile, que les apôtres le firent rester en qualité d'évêque à Jérusalem. Ce fut encore parce qu'il étoit le plus âgé, que, dans l'assemblée qu'ils y tinrent avant de se séparer pour aller remplir leurs missions respectives, il parla le premier après celui que J. C. avoit constitué le chef de tous. On a eu tort de croire que

_____

(1) Le P. Casati, en disant que c'est S. Jacques majeur, et le nomenclateur de Ponte-Capriasca, en le prenant pour S. Simon, font chacun de leur coté la plus incroyable des méprises, comme ou peut s'en convaincre par ce que nous avons dit de ces deux apôtre.

(2) Nommé évêque environ un mois et demi après l'époque de la cène, il gouverna son église pendant 30 ans, et mourut dans sa quatre-vingt-seizieme année.

la prérogative dont il jouït en cette occasion,
venoit de son titre d'évêque de Jérusalem,
car il ne l'étoit pas encore alors qu'il prit
la parole (1).

2.° Le caractere de la physionomie de
ce personnage ne convient qu'à S. Jacques
le mineur. Elle porte l'empreinte du sérieux
de son naturel, de sa sevérité pour lui-même et de son indulgente bonté pour les autres. Cet apôtre etoit d'une gravité si austere qu'il s'abstenoit de parler, ce qui lui
fit donner le surnom d'*Oblias*, qui veut
dire *Muet*; et quand il étoit forcé de rom-
pre son silence habituel, il ne s'exprimoit
qu'en peu de mots: de là vient le style sen-
tencieux et laconique de l'épître qu'il nous
a laissée. Aucun apôtre ne mortifia son corps
d'une maniere aussi dure que celui-ci, qui
jamais ne fit usage de viande ni de vin, et
repoussa comme une sensualité, les parfums
et les bains dont tout le monde usoit licite-
ment. Son dédain pour des soins permis qui
auroient rallenti sur sa personne les ravages

---

(1) *Act. Apost,* c. 15. v. 13 -- Eusèb. *in
Chronico*; et L. II. *Hist.* c. 1.

du temps, et sa dureté pour lui même qui les avoit sans doute accélérés depuis nombre d'années, devoient avoir procuré à son visage, comme encore à ses cheveux et à sa barbe que jamais il ne coupa, ce caractere de décrépitude et de ruine, avec lequel Léonard l'a représenté (1). Il a trouvé néanmoins le moyen d'y mêler des indices de l'extrême bonté, de la tendre indulgence que cet apôtre montra pour autrui dans tant de circonstances, et notamment lorsque, dans cette assemblée dont nous venons de parler, il ne voulut pas que l'on imposât des pratiques trop pénibles aux Gentils qui embrassoient la foi de J. C. (2).

3.° Le genre tout particulier des vêtemens de ce personnage prouve qu'il ne peut être que S. Jacques le mineur, dit le juste. Il a sous l'ample manteau qui l'enveloppe, cette *subucula* de lin dont le Lévitique avoit exigé que fut vêtu le pontife du peuple de Dieu en offrant le sacrifice (3). Par là, no-

---

(1) Hégésippe dans l'*hist*. d'Eusèbe. *ibid*.

(2) *Act. apost*. c. 15. v. 19.

(3) *Vestivit Pontificem subucula linea, accingens*

tre peintre nous rappelle que cet apôtre l'avoit offert lui-même dans le Saint des Saints, où il étoit entré à cet effet, sur l'invitation des Juifs pénétrés de vénération pour son éminente vertu ; et qu'il avoit le privilége d'y retourner pour la même fonction (1). Son manteau pourroit être regardé comme l'*humerale* des Pontifes qu'il avoit également le droit de porter ; mais il nous semble plutôt être celui qu'adopterent les premiers évêques, et désigner par conséquent l'épiscopat auquel S. Jacques mineur ne tarda pas d'être promû. Nous n'avons pas besoin de justifier le choix de la pierre verte que l'on voit dans son agrafe : Jacques d'Alphée étoit de la tribu de Lévi.

On ne sera point surpris, vû son âge et sa décrepitude, que Léonard ne lui ait

---

eum bulteo .... *et desuper humerale imposuit.* (Levit. c. 8. v. 7) - Flavius Josephe raconte que, de son temps encore, les sacrificateurs, chez les Juifs étoient *byssina, id est linea amictos.* (*De Bello Judaico* L. VI.) - et Hégésippe dit positivement que Jacques d'Alphée *linea veste, non lanea induebatur,* (*Eusebi Hist.* L. II. c. 23).

(1) Hégésippe (Eusèb. *Hist.* L. II. c. 2).

donné aucune ressemblance avec J. C.,
quoiqu'on l'appellât *son frere*; on le sera
moins encore lorsqu'on saura qu'il ne l'étoit
pas même à la maniere de S. Simon. La
place qu'il occupe à l'extrémité de la table,
dans une espéce d'isolation, ne pouvant
lui avoir été assignée sans motif, nous
présumons que celui du peintre en cela,
étoit fondé sur ce que J. C. revenu d'entre les morts, fut vu de Jacques d'Alphée en particulier, avant de l'être des autres apôtres (1); sur ce que S. Paul dit que
celui-là fût le premier de ceux d'entre eux
qui lui tendirent la main pour le faire entrer
dans l'apostolat (2); et de plus encore, sur ce
que, l'usage voulant, suivant Grégoire de
Tours, que les plus recommandables fussent placés à l'extremité de la table (3), S.
Paul avoit désigné S. Jacques comme tel, en

---

(1) *Christus visus est Jacobo, deinde apostolis
omnibus.* (I. ad Corinth. c. 15. v. 7).

(2) *Jacobus et Cephas, et Joannes qui videban-
tur columnae esse, dextras dederunt mihi.* (Ad Ga-
lat. c. II. v. 9).

(3) Gregor. Turon. L. 1. *De miraculis.* L. 80.

lui décernant le titre éminent de *Colonne de l'Eglise.* Que si, à ces raisons, on ajoute le souvenir de la fête commune que l'église a dédiée, (le 1 mai,) à S. Jacques d'Alphée et à S. Philippe, en leur donnant ainsi un rang égal dans ses fastes, il ne sera plus permis de penser que le peintre ait manqué de motifs pour mettre ce vieillard en cette place, dans une composition aussi raisonnée que celle de son Cénacle.

Viendra-t-on nous demander maintenant pourquoi J. C. n'est ici qu'avec ses douze apôtres, tandis que S. Matthieu, S. Marc et S. Jean ont dit d'une maniere générale, que J. C. fit sa derniere pâque avec ses disciples dont le nombre étoit bien plus considérable (1)? Ce seroit comme demander pourquoi il n'admit à ce festin que les apôtres, car S. Luc affirme que ce fut avec eux seulement qu'il mangea l'agneau pascal (2). L'usage, et peut-être même la loi, vouloient

***

(1) Matth. c. 26. v. 17 – Marc. c. 14. v. 12. – Joan. c. 13. v. 5.

(2) *Et duodecim apostoli cum eo.* (Luc. c. 22. v. 14).

qu'en cé festin religieux, on ne fut pas plus de vingt, et moins de dix (1). Le Sauveur pouvoit-il mieux s'y conformer, en conservant les égards de préférence qu'il devoit à ceux qu'il avoit appelés à l'apostolat, que de n'avoir qu'eux pour convives ?

---

(1) Flav. Joseph. *De Bello Judaico* (L. VII, c. 17).

CHAPITRE VI.

Conséquence que l'examen précédent fait tirer en faveur de l'érudition et de la sagacité de Léonard. Son intelligence incomparable dans les mouvemens combinés de ses personnages. Énergie, justesse et vérité de leur expression générale et particuliere.

Quand on voit la grande quantité d'auteurs anciens qu'il nous a fallu consulter pour parvenir à reconnoître chaque apôtre, et à nous rendre compte à nous-mêmes des costumes que Léonard a observés dans la composition de son Cénacle, on ne peut qu'être étonné de sa vaste érudition et de l'immensité des études historiques auxquelles il dut se livrer, même en le composant; car il en est d'un tableau de ce genre comme d'un ouvrage philologique, dans la composition duquel, malgré la plus ample provision de science, faite avant de l'entreprendre, on n'avance pas sans être obligé à de nouvelles recherches plus profondes, et par conséquent plus longues que les précédentes.

Ils ne s'en doutoient pas ces riches dominicains qui alloient se plaindre au Duc Ludovic, que Léonard restoit plusieurs mois
de suite sans travailler à la peinture de leur
réfectoire (1) ; et si leur chef qui le desser-
voit plus perfidement encore que les autres
auprès de ce Prince, ne méritoit pas que
son portrait fût mis sur les épaules de Judas, comme notre peintre l'en menaça (2),
il méritoit du moins d'être taxé d'ignorance.

Ce qui doit nous frapper bien autant que
l'érudition de Léonard, c'est la sagacité qu'il
a mise dans le choix des monumens histo-

---

(1) Voyez J. B. Giraldi, appelé *Cintio*, dans
son *Discorso sopra i Romanzi*, 1554

(2) J. B. Giraldi qui nous apprend ce fait,
nous dit en même temps, que la menace n'étoit
qu'une plaisanterie, et ne fut point effectuée. (*Discorso soprà i Romanzi*). – M. De Piles qui, le
premier, a hazardé de dire qu'elle le fut (*Abrégé
de la vie des peintres*), ne pouvoit pas ignorer
qu'il racontoit une fable ; elle a été répétée depuis
peu, comme une chose vraie. Cependant M. Mariette qui la démentit vers le milieu du siècle
dernier, avoit démontré qu'elle étoit de la plus
complette invraisemblance (*Lettere su la pittura*,
tom. II. page 187).

riques anciens, parmi lesquels il en étoit qui, moins dignes de confiance que les autres, excitoient néanmoins de son temps, un enthousiasme propre à le séduire et à l'égarer : telle étoit, entre autres, cette *Historia certaminis apostolici* d'Abdias, que l'on venoit de découvrir dans le monastere d'Ossiach en Carinthie, et qui sembloit d'autant plus respectable que cet auteur prétendoit avoir été l'un des soixante et douze disciples de J. C. Si Léonard avoit ajouté foi aux récits de ce visionnaire, il auroit vêtu les apôtres avec l'espéce de *Collobium* sans manches, que celui-ci disoit avoir été la tunique des pêcheurs ; et ne leur auroit donné, au lieu de manteau, qu'un simple mantelet, ou pluvial de pélerin, semblable à la pénule que les gens de basse condition portoient alors à Rome (1). Celle de S. Barthelemi, auroit été couleur de pourpre, et son *collobium* blanc, parce que, suivant Abdias, cet apôtre en adoptant l'humble costume de ses collégues, voulut conserver des marques de son illustre origine.

---

(1) Alexand. L. I. c. 16 — Caelius: L. XXI. c. 10.

Si ce fut dans l'étude des monumens historiques, choisis avec discernement, que Léonard apprit à composer le visage de ses apôtres avec tant de vérité, et à les costumer avec une aussi scrupuleuse exactitude; ce fut par une étude approfondie, non pas simplement de l'anatomie (1), mais encore des secrets mouvemens du cœur humain comparés avec la mobilité des physionomies, comme de la correspondance du jeu des muscles avec les diverses agitations de l'ame, qu'il parvint si merveilleusement à mettre dans l'action simultanée de chacun de ses personnages, des mouvemens différens et propres au caractere de chacun d'eux, tout en leur donnant celui que la circonstance rendoit commun à tous. C'est ici que va paraître dans toute sa gloire, ce talent presque surnaturel qu'il avoit pour peindre, avec toutes leurs variétés, et jusqu'à leurs plus subtiles nuances, les innombrables passions dont l'ame est susceptible.

(1) Il l'avoit étudiée avec soin auprès du célébre anatomiste Marc-Antoine *Della Torre*, qui en devint professeur dans l'Université de Pavie, en 1511.

Les observateurs exercés dans la connoissance de leurs différentes phases, ne manqueront pas de remarquer ici, que la surprise excitée par l'étonnante révélation d'une trahison inouie dont l'auteur, encore inconnu, est parmi ceux-là mêmes à qui on la révèle, n'a pas cette brusquerie inopinée qui marqueroit le passage subit du calme au plus grand trouble. On comprend que leur mouvement général se rattache à un sentiment antérieur de tristesse qui lui a servi de précurseur, en émouvant progressivement leur ame ; et tel est l'effet qu'avoient dû produire les discours de J. C., depuis le lavement des pieds. „ Le sens de ce que je fais, leur avoit-il dit alors, est encore ignoré de vous, mais vous le connoitrez bientôt. S'il y en a parmi vous qui sont purs, vous ne l'êtes pas tous ; et malgré la disposition affectueuse que vous me montrez unanimement, elle va s'accomplir cette prédiction de l'Ecriture : celui qui partage mon pain me foulera bientôt au pieds. Je vous en préviens avant que la chose arrive (1) ‟.

---

(1) Joan. c. 13. v. 7. 10. 11. 18. 19.

La douleur qui, depuis lors, s'étoit augmentée sensiblement en J. C., au point que S. Jean vit son esprit se troubler lorsqu'arriva l'heure de s'expliquer plus clairement sur la trahison (1), avoit dû faire croître aussi graduellement la tristesse de ses apôtres. Cette progression antérieure s'entrevoit dans l'action présente, surtout en la figure du Sauveur. On sent, en la considérant avec attention, que cet excès de peine qu'il éprouve lorsque le cruel *unus vestrûm me traditurus est* lui échappe, est le plus haut période d'un chagrin qui, depuis quelque temps, alloit en croissant dans son cœur.

La douleur de J. C. est parvenue à son plus fort degré d'intensité ; il ressent un frémissement intérieur que manifestent la contraction du muscle frontal, et le relâchement des muscles dépresseurs et élévateurs de la lèvre inférieure. Elle frémit elle-même sous les paroles terribles qui sortent, comme en tremblant, de sa bouche qui achève

---

(1) *Turbatus est spiritu, et dixit : amen, amen dico vobis quia unus ex vobis* etc. (Joan. c. 13. v. 21).

à peine de les prononcer. Ses yeux qui, abbattus de tristesse, semblent éviter de se porter sur aucun des apôtres, annoncent tout ensemble la peine extrême que lui causent la perfidie dont il ne peut plus s'empêcher de parler, et la bonté qui le détourne de faire connoître le coupable en le regardant, ou soupçonner quelqu'autre en portant sur lui ses regards affligés. Le froncement qui se forme au dessus de l'angle extérieur de chaque œil, me dit tout à la fois que les larmes affluent dans les paupieres de l'homme-dieu, et que le dieu homme n'en veut point répandre quand il s'agit de ce qui va commencer le sacrifice par lequel doit s'opérer la rédemption du genre humain. Ses bras ouverts par la charité, en même temps qu'ils tombent d'accablement, déposent sur la table des mains dont la gauche, plus directement influencée par son cœur, a le geste d'une bonté expansive, tandis que l'autre, voisine de Judas, éprouve une violente convulsion qui la déforme: en sorte que cette contraction excessive de l'abducteur du pouce et de l'aponévrose palmaire, où les matériels copistes de modéles sans action ne voient qu'une irrégularité de dessin, seroit l'expression juste et vraie du sentiment que cette main devoit exprimer.

J. C. n'a pas achevé de parler que déja, conformément aux récits évangéliques, rapprochés les uns des autres, tous les apôtres sont dans l'agitation d'une cruelle et vive inquiétude. S. Matthieu et S. Marc disent que tous, fortement émus, et profondément attristés, s'écrierent, chacun en particulier : „ Est-ce moi, Seigneur, qui dois vous trahir (1)"? — „ Tous, dit S. Luc, cherchérent à découvrir parmi eux, le monstre qui alloit commettre ce crime atroce (2)"; — „ Ne sachant pas duquel d'entre eux le Sauveur parloit, dit S. Jean, ils se regardoient les uns les autres avec une morne défiance (3)".

Le disciple bien-aimé, qui, reposoit affectueusement sur le sein de son maître, n'a pu que reculer d'épouvante, en s'écriant: „ Seroit-ce moi, Seigneur, moi, à qui vous accordez tant de confiance; moi qui suis le plus rapproché de vous "? Ce mouvement

---

(1) Matth. c. 26. v. 22. - Marc. c. 14. v. 19.
(2) Luc. c. 22. v. 23.
(3) Joan. 13. v. 21.

étoit indiqué par l'évangile qui raconte que, l'instant d'après, lorsque S. Pierre eut dit à Jean de demander au Sauveur qui étoit le traître, Jean revint se poser de nouveau sur sa poitrine (1). La tendresse de son amour pour lui, jointe à l'horreur du crime qui a jetté sa tête du côté opposé à Jesus, l'y fait presqu'évanouir. Le jeu des muscles du nez, des orbites, des lèvres, et du col, annoncent un état voisin de la défaillance. Pierre a besoin de lui secouer l'épaule pour lui faire entendre ce qu'il lui dit. Voyez comme, dans cet état de syncope, le peintre ingénieux a mis tout le sentiment qui en est la cause, lorsque d'autres y auroient laissé l'impassibilité de la mort. L'affection singulière de Jean pour le Sauveur éclate sur son visage immobile ; ses yeux encore tendres, quoiqu'abaissés et fixes, expriment toute la sensibilité de son amour, en même temps que la candeur et la sérénité de son front montrent qu'il ne peut pas être ce coupable qu'on cherche à connoître. Ses bras ont éprouvé le même abattement que ceux du

_____

(1) Joan. c. 13. v. 25.

Rédempteur ; mais ses mains suffiroient à prouver que son ame est affectée différemment que la sienne : les doigts sont exempts de contraction ; ils s'entrelacent sans effort, et avec cette espéce d'abandon que la douceur de caractère met dans l'accablement de la douleur.

Pierre, qui s'est levé précipitamment, et lui agite l'épaule, en lui montrant le Seigneur, me fait véritablement entendre ces paroles qu'il dit alors à S. Jean : ,, De qui veut-il parler? Demandez le lui, vous qui avez sa confiance (1) ". L'œil très ouvert et tendu vers Jésus, il montre que c'est lui seul qui peut mettre un terme à l'anxiété qui le presse. Mais pourquoi ne le voyons nous pas s'adresser directement à lui-même ? Parce qu'alors le peintre auroit été en contradiction avec l'évangile ; et si vous voulez en savoir la raison mystique, cherchez la dans les SS. Peres. S. Jérome vous dira que Pierre, ayant été marié, n'avoit pas le même droit que l'apôtre vierge d'interroger celui qui étoit la pureté même (2).

_____

(1) *Quis est de quo dixit ?* (Joan. c. 13. v. 24).

(2) *Et quod Petrus qui uxorem habuerat interrogare non audet, illum* (Joannem) *rogat ut interroget* (Hieron. *adv. Jovinianum* L. I. c. 14).

Ce colloque, se passant derriere Judas, devoit aiguillonner sa farouche inquiétude ; il s'est retourné brusquement pour en savoir le résultat qu'il redoute et qu'il affronte. Ses narines se dilatent par un effet de la fureur et du trouble que vous remarquez dans ses regards impudens. La convulsion que le masseter subit, atteste sa rage concentrée, en relevant son menton et faisant rentrer sa lèvre inférieure. Le gonflement affreux de l'artère carotide montre l'horrible contention d'esprit et la cruelle perplexité dans laquelle il se trouve. La crispation qu'en recoivent ses mains, fait sortir la gauche de sa forme naturelle, tandisque la droite serre, avec une violence irréfléchie la bourse qu'elle tient. Le bras qui s'est porté sur la table, quand Judas s'est retourné pour voir Pierre et Jean, a, dans cet écart si brusque, renversé une saliere qui étoit près de lui. Heureuse idée du peintre qui, se ressouvenant que J. C. avoit considéré le sel comme le symbole de la sagesse, et le type de l'apostolat, quand il leur disoit qu'ils seroient eux-mêmes le sel de la terre (1), „ a pensé qu'au moment

---

(1) *Vos estis sal terrae* (Matth. c. 5. v. 13).

où Judas se rendoit indigne de sa vocation, c'étoit le cas de lui appliquer, par une image sensible, ces autres paroles du Sauveur ": A quoi le sel peut-il être bon quand il a perdu sa qualité? à rien, si ce n'est à être rejetté, et foulé aux pieds (1) ". Ce mouvement de Judas nous donne lieu d'observer que le peintre, attentif à profiter de tout ce qui pouvoit servir à caractériser ses personnages, n'a pas manqué de nous faire sentir que l'activité de Judas n'est point celle de Pierre, dans laquelle on entrevoit déja la prudence du futur chef de l'église, lorsqu'il retient le glaive suspendu à son côté, pour l'empêcher d'aller causer quelque dommage autour de lui; tandis que le frénétique Judas se montre sans égard pour ce qui l'entoure.

_____

(1) *Quod si sal evanuerit, in quo salietur ? ad nihilum valet ultrà nisi ut mittatur foras et conculcetur ab hominibus.* (ibid.) — Conformément à ce qui est dit dans le Lévit. c. 2. v. 13 , et dans S. Marc. c. 9. v. 48 , il y avoit effectivement sur la table de petits vases pleins de sel ; Vatable l'assure dans une des notes de la Bible de *Léon de Judas*, imprimée, en 1545, par Henri Etienne.

L'âge avancé de Barthélemi, son caractere, ses habitudes ne le rendoient pas susceptible d'une commotion aussi forte que celle de Pierre et de Jean, quoiqu'il fût aussi profondément affecté des paroles de Jésus. Ses rides vénérables se soulevent d'étonnement et d'horreur. Le regard de surprise et de curiosité qu'avec noblesse il dirige vers Jésus, ses lèvres serrées par l'indignation que lui cause le crime annoncé, l'élévation de ses mains ouvertes comme pour repousser vaguement le coupable qu'il ne peut connoître encore, sont dans un rapport exact et parfait avec ce que nous avons dit du naturel et de l'origine présumée de cet apôtre.

S. Jacques le majeur, ayant encore quelques restes de l'ardeur du premier âge, ne devoit pas rester assis à l'annonce du grand crime; et ses rapports de fraternité avec Jean devoient naturellement le porter vers lui. Ne pouvant l'atteindre, c'est par S. Pierre qui déja lui parle, qu'il voudroit lui suggérer la même question que celui-ci lui dit de faire à Jesus. Son visage animé d'amour et d'effroi, son regard ardent de curiosité, cette main droite qui, dans cet état de perplexité, se laisse aller sur l'épaule de son voisin, ne laissent rien à desirer dans l'expression du genre de sa peine et de son inquiétude.

Philippe, qui se trouvoit le plus éloigné, tout frappé qu'il étoit de la noirceur incroyable du crime annoncé, pouvoit supposer encore qu'il n'avoit pas bien saisi le sens des paroles du Sauveur ; il se lève, et ne pouvant s'approcher autrement, il porte en avant sur la table, la partie supérieure de son corps, comme pour écouter une explication qu'il attend. L'impatience qu'il en montre, est néaumoins subordonnée à cette incertitude qu'il voudroit conserver et détruire. Il est dans la situation d'ame d'un homme à demi effrayé qui écoute et regarde avec la crainte de ne s'être pas trompé sur la nature du forfait ; car sa bouche comme haletante, ses yeux très dilatés attestent le besoin qu'il a de mettre fin au doute affreux dans lequel il s'est retranché ; et le resserrement de ses tempes, le froncement de ses sourcils indiquent évidemment son appréhension trop fondée d'entendre confirmer ce qu'il redoute d'avoir très bien compris.

Oh! pourquoi notre œil borné ne peut-il

pas embrasser en même temps toutes les figures de ce tableau, pour voir dans leur savante harmonie, combien l'expression variée de celles qui sont de l'autre coté de la table, ajoutent de prix à l'expression de celles que nous venons d'examiner en particulier? Vous jugeriez bien mieux encore de la vérité du mouvement de Philippe, si votre regard pouvoit le réunir avec celui du personnnage qui est à la gauche de J. C. Vous reconnoissez encore une fois Thomas dans celui qui, frappé d'une horreur proportionnée à la violence de son naturel, nous fait presqu'entendre ces paroles, prononcées avec le cri de l'effroi : „ Seroit ce moi, Seigneur, qui serois le coupable " : *Numquid ego sum, Domine* (1)? Aucun autre, pas même Judas, n'a l'air de penser qu'on puisse le croire capable de trahir son maître; l'ombrageux Thomas est le seul qui craigne qu'on ne le soupçonne; et comme si son rapprochement de la personne de Jésus pouvoit contribuer à le rendre plus spécialement l'objet d'un soupçon aussi révoltant,

---

(1) Matth. c. 26. v. 22.

il s'est forcement renversé. Ses sourcils, qui se resserrent avec force , le froncement qu'ils produisent dans l'intervalle qui les sépare, sont les indices précis d'une horreur accom- gnée d'allarmes. Ses yeux qui cédent néan- moins au modeste abaissement que l'inno- cence commande, ses bras qui s'écartent na- turellement comme pour laisser lire dans sa conscience , sont d'accord avec sa bouche qui ne semble rester ouverte que pour dire encore à J. C. avec une puissante énergie : „ Ah! voyez mon cœur; ce n'est pas celui d'un traître ".

L'ardent Thadée qui , non moins vio- lent que Thomas, renversera les idoles de la Perse , tandis que celui-ci pulvérisera cel- les des Indes (1) , s'est déja levé avec une sorte de fureur. C'étoit bien là que devoit se manifester, par un généreux courroux, le sentiment qui lui avoit valu le titre de *Zelotes*. Ce courroux, en un tel caractere , devoit être voisin du desir de la vengeance. Il veut savoir de J. C. quel est le perfide ,

---

(1) Sabellicus. L. II. c. 5. – Marul. L. II. c. 4. – Eusèb. *Hist*.

et s'est approché pour en demander le nom;
il le menace déja sans le connoître; et sa
main gauche se porte sur un couteau pour
le punir dès qu'il sera nommé. Sa bouche,
dont les angles s'abaissent fortement, ne
laisse pas douter de l'excès de sa colere; et
són œil, avide de découvrir le monstre, annonce la fureur avec laquelle il l'immoleroit,
si son maître pouvoit ne pas l'en empêcher.

S. Simon, d'un caractere bien différent,
ne devoit pas manifester de la même maniere l'impression non moins douloureuse
que l'affligeante révélation du Sauveur avoit
faite sur son ame. Sa jeunesse, et son titre
de *Zelotes* exigeoient cependant que le peintre ne le laissât pas assis comme un vieillard.
Tout est concilié dans l'attitude qu'il lui a
donnée. La douceur de son naturel et sa
tendre affection pour Jésus, dont il porte
l'empreinte aimable sur sa physionomie, ne
lui permettoient pas autre chose que de
s'incliner vers lui, avec le geste d'un homme
vertueux qui, certain de n'être pas démenti,
semble ouvrir son cœur, en se rendant à
lui-même le témoignage qu'il est bien loin
d'être capable d'un aussi grand crime.

L'activité de la jeunesse éclate d'une

façon plus décidée en cet apôtre qui naguère étoit percepteur d'impôts. Matthieu à qui le forfait révélé semble presque impossible, s'élance vers le vieillard qui est à l'extrémité de la table, pour lui demander si, dans sa longue connoissance des hommes, il a pu rien voir qui le lui rendît croyable. Il lui répéte les paroles qu'il vient d'entendre, en montrant celui qui les a proférées, afin que ce vieillard qu'il consulte, et qui, vû son éloignement, peut ne les avoir pas bien entendues, n'ait sur elles aucun doute. Sa douleur franche et vive est sur le point de lui faire verser des larmes ; on voit, par le jeu de ses muscles supraciliaires, qu'il fait des efforts pour retenir ses pleurs, et qu'il craint en même temps que la réponse du vieillard ne vienne augmenter sa peine. Cette disposition larmoyante de ses yeux, indiquée encore par l'abaissement des sinus de la joue et le haussement de la lèvre inférieure, est analogue à ce qu'on sait de l'exquise sensibilité de Matthieu qui, dans tout le cours de son apostolat, comme dans son Evangile, a si bien prouvé qu'il ne pouvoit être plus éloigné qu'il ne l'étoit réellement, d'avoir le cœur d'un publicain.

9

André, non moins surpris que lui, et conservant encore, malgré son âge avancé, quelque chose de cette activité de zèle qui l'avoit fait courir avec ardeur après les leçons de J. C., et qui l'attachait plus intimement à son service, n'a pu rester assis à la nouvelle de sa trahison. Par un effet de ce penchant que les gens âgés ont à confirmer ce que la jeunesse dit de vrai, il répéte à Jacques d'Alphée ce que Matthieu raconte, et l'affirme avec un geste analogue au sien. L'ouverture incertaine de sa bouche, la fixité de son regard, ce resserrement du front qui en fait replier les rides, la pénible tension des muscles du col, le gonflement de ses arteres carotides, nous montrent qu'il attend avec la même anxiété, ce que le vieillard va répondre.

Jacques la prolonge par un effet de la lenteur inséparable d'un aussi grand âge que le sien, et par les réflexions qu'il fait en lui-même sur ce crime inouï. Elles s'emparent en quelque façon des traits de son visage décrépit; et l'indignation dont elles sont accompagnées, devoit, en resserrant ses mâchoires dégarnies, et en abaissant les muscles dépresseurs des ailes du nez, rapprocher de son extrémité, comme elles le font effectivement, le milieu de la lévre inférieure. L'affaissement de ses joues prend le caractere de l'affliction ; et son regard pensif qu'il porte fixement sur André, montre que ses réflexions n'ont rien de consolant. Encore suspendue, sa réponse déja se manifeste à demi par des gestes partagés entre un reste d'incertitude, et la triste nécessité de croire ce que J. C. vient de révéler.

L'aparte établi par le peintre entre ces trois apôtres, à qui leur éloignement de la personne du Sauveur permettoit le colloque dont nous venons de parler, est d'une vérité si parfaite en tout, que, nous faisant oublier l'art, il nous porte à prêter l'oreille à leurs discours.

Quoique tout ce qui se passe de ce même côté de la table, offre des scènes dramatiques différentes de celles qui ont lieu du côté opposé ; et quoique, de part et d'autre, les personnages s'y présentent avec une savante variété ; néanmoins, par une magie qui est le comble de l'art, toutes ces actions diverses et particulieres se confondent en une action unique dont J. C. est le centre et le moteur. C'est lui qui, par le seul effet de sa bouche que nous voyons parlante et tremblante, répand sur tant de mouvemens si variés, cette ravissante harmonie qui n'y laisse rien appercevoir d'étranger et d'inutile à l'action principale C'est sur lui que les mouvemens particuliers et individuels des apôtres renvoient nos regards émus; et s'il nous les fait reporter encore sur eux, ceux-ci nous les font retourner pleins d'attendrissement vers l'adorable personne du Rédempteur qui reste alors maître de nos cœurs et de nos hommages.

CHAPITRE VII.

*Erudition de Léonard dans les détails ac-
cessoires de sa représentation de la Cène.
Motifs de la forme qu'il a donnée à la
table, et de la maniere dont nous la
voyons servie. Situation et décoration
de la salle du festin. Particularités et
corrections qui distinguent avantageusement notre tableau, de la peinture* delle
Grazie.

Ce n'est pas seulement dans les personnages
que se manifeste le grand savoir de Léonard
en histoire comme en peinture. Rien n'a
échappé à ses études ; et les objets mêmes
qui pourroient le plus sembler indifférens,
servent à montrer sa vaste érudition. Il n'est
pas de recherche qu'il n'ait faite avec le
jugement de la plus saine critique, pour
qu'il n'y eut rien, dans son Cénacle, qui ne
fût rigoureusement conforme aux usages du
temps et du lieu où le Sauveur fit sa derriere cène.

L'on m'objectera peut-être que la table
n'a pas la forme orbiculaire, ou de *fer à*

cheval, que celles d'alors avoient communément ; et que les apôtres, au lieu d'être assis,
devroient être à demi-couchés sur des cous-
sins , en se soutenant avec le coude gauche.
Il est vrai que Calmet lui-même nous a donné
à entendre que telles devoient avoir été et
la forme de la table, et la position des apôtres en ce repas (1). Mais Calmet ne parloit
que par conjecture et par induction ; Léonard croyoit avoir en cela un guide plus
sûr : c'étoit la table même de la cène que
l'on croyoit posséder à Rome (2), dans celle
qui y avoit été apportée comme telle , par
Vespasien, à son retour de la Palestine. Cette
table rectangulaire supposoit que les convives
avoient été , non couchés , mais assis près
d'elle sur des siéges ordinaires. Les Hébreux
en effet ont souvent mangé assis , comme on
peut s'en convaincre par l'Ecriture sainte (3);

---

(1) Calmet : *Commentaire* sur le verset 15 du
chaq. 14 de l'evangile selon S. Marc, note (b).

(2) Dans l'eglise de S. Jean de Latran.

(3) *Genèse.* c. 27. v. 10. - c. 37. v. 25. - Ju-
dic. c. 19. v. 6. - I. *Reg.* c. 20. v. 5 et - 24 -
III. *Reg.* c. 13. v. 20.

et leurs tables étoient réellement carrées (1).
Quant à ce que dit Calmet, qu'on se mettoit
de trois côtés seulement, et qu'il en restoit
un de libre pour qu'on pût, en laissant les
convives sur leurs siéges, emporter la table
après le repas sans la desservir, suivant la coutume d'alors qui avoit voulu précédemment
qu'elle fût apportée toute servie (2) : Léonard
en savoit tout autant que ce savant interprète,
puisqu'il n'a placé ses personnages que sur
trois côtés ; le quatrieme reste vacant : et la
mobilité de la table ne pouvoit être plus
formellement indiquée qu'elle ne l'est ici, par
ces pieds portatifs qui la supportent en montrant, autant que possible, qu'ils n'ont aucune
adhérence avec elle.

Parmi les objets dont elle est servie,
on voit des oranges et des citrons qui, au
premier coup d'œil, paroissent n'y avoir été
mis que par la fantaisie du peintre, et sans
autre justification que l'usage pratiqué dans

---

(1) *Blasii Ugolini Dissert. de ritibus in cœna
Domini - Simson in Oholcth.* fol. 64. 2. - Voy. *The-
saurus antiquit. Sacrar. autore Blasio Ugolino. Ve-
netiis* : 1755.

(2) Calmet : au lieu ci-dessus indiqué.

son propre pays. Mais cet usage étoit encore plus en vigueur dans la Palestine où l'on estimoit au dessus de tous les autres, ces deux espèces de fruits, auxquels on donnoit avec honneur le nom des contrées lointaines dont leurs arbres avoient été apportés, en les appelant *pommes persiques, ou médiques.* Ces arbres, tant à cause de leur feuillage que pour leurs fruits, étoient qualifiés les plus beaux de tous les arbres : *fructus arboris pulcherrimae* (1), *frondes ligni pulcherrimi* (2).

Nous n'aurions pas des remarques moins intéressantes à faire sur la couleur du vin que l'on voit dans les verres. On auroit tort si, jugeant de tous ceux de Grèce et de Syrie par celui de Chypre, et par la malvoisie qu'on nous apporte de Crète ou Candie, on croyoit que les juifs n'en avoient pas de rouge, ou tout au moins que celui de la cène devoit être blond. Léonard avoit

---

(1) Levit. c. 23. v. 40.
(2) Esdras L. II. c. 8. v. 15. – Voyez la version chaldaïque, sur le ch. 25. du Lévitique, le 23 de l'Exode ; et l'ouvrage du Rabbin Moyse Maimonide : *More Nebochim* L. III. c. 42.

eu de plus solides raisons pour le colorer comme il l'a fait. Le vin qu'on buvoit, dans les repas solennels en Judée, avoit le nom de *Jaïn*, que l'auteur de la version chaldéenne traduit par le mot *Chamar*, qui signifie vin rouge (1). Outre l'inexactitude qu'il y auroit eu à le peindre blond, c'eut été manquer au devoir de caractériser d'une maniere non équivoque la nature de cette liqueur qu'il falloit empêcher de confondre avec le cidre dont la boisson étoit fort usitée chez les juifs. Si nous devions nous en rapporter au Vénérable Béde, qui a dit que J. C. but alors dans une tasse d'argent à deux anses, nous pourrions critiquer les verres qui sont sur la table ; mais son témoignage a paru plus que douteux aux éru-

---

(1) Voyez encore Eustahe : *Comment. in Iliad.* L. I. p. 102. - Le grammairien Pierre Pontanus, qui florissoit ne doutoit pas vers le commencement du siécle XVI; que le vin de ce repas n'eut été rouge, quand il disoit :

Sacrum rubro de fonte liquorem

Efficit, et puro sumendum rumine praebet.

Blaise Ugolin, dans sa *Dissert. de ritibus in cœna Domini* : dit positivement, d'après de bonnes autorités : *Rubrum prae ceteris requirebatur* (Gemara Hierosolymatana. L. 100).

dits qui ont étudié la question (1) ; et l'on sait d'ailleurs qu'en ce temps-là, on se servoit de vases de cristal, faits comme les nôtres (2). En ne mettant que de l'eau dans les carafes, Léonard a scrupuleusement évité par là, de fournir la moindre excuse aux Pharisiens qui accusoient le Sauveur d'être un *buveur de vin* (3) ; et il a observé en même temps l'usage introduit par les Romains, de tenir le vin à part sur des crédences que le spectateur pouvoit ne pas appercevoir (4). La différente quantité qu'il y en a dans les différens verres, est motivée par les habitudes de ceux auxquels ils appartiennent. Il falloit que tous eussent de cette liqueur, puisqu'ils étoient au moment où J. C. alloit opérer le miracle de la transubstantiation ; mais les Nazaréens, qui faisoient profession de n'en point boire, devoient en avoir pris très-peu

---

(1) *Blasii Ugolini Dissertatio de ritibus in cœna Domini.*

(2) Plin. L. 35. c. 12. - L. 36. c. 26. - L. 37. c. 2. - Petron. *De Trimalcione.*

(3) Matth. c. 21. v. 19 - Luc. c. 7. v. 34.

(4) Horat. L. 1. *Satyr.* 6. v. 117 ; et Sat. 2. v. 114.

ou, si on leur én avoit trop versé, en conserver beaucoup encore. Il y auroit quelque chose à redire à la forme des pains que nous voyons : ou n'en mangeoit que d'azymes en ce repas ; Léonard n'avoit sans doute consulté sur ce point, que S. Epiphane qui dit simplement qu'ils étoient ronds, sans avertir qu'ils étoient en même temps minces et plats (1).

Pour ne pas devenir trop minutieux dans l'explication des savans détails que Léonard a mis dans la composition de son Cénacle, bornons nous à ne plus parler que de l'intelligence avec laquelle il a représenté le lieu où se fait la cène. Par la maniere dont notre œil plonge sur le paysage que découvrent les fenêtres et la porte qui se trouvent au fond de la salle, ou juge qu'elle n'est pas au rez de chaussée, mais à l'un des étages supérieurs de l'édifice. C'étoit effectivement ainsi qu'elle devoit être figurée. On sait que J. C. fit ce repas chez un homme riche qui, étant de ses disciples secrets

---

(1) S. Epiph. *De Ancoratu.*

et de ses amis (1), lui avoit prêté la salle qui lui servoit à de semblables usages (2). Or celle où l'on célébroit la pâque chez les particuliers qui, ayant de la fortune, se piquoient de mener une vie plus sainte, étoit la salle même que la coutume et la religion leur avoient fait un **devoir** de se réserver au haut de leur maison, et presque sous le toit, pour y vacquer à des actes de piété, et s'y livrer à l'étude des choses divines. Les fenêtres en restoient ouvertes du côté de ce point du ciel sous lequel étoit le temple. La porte que nous voyons également ouverte, ne pouvoit conduire que sur un balcon ou une terrasse (3). Tous les

---

(1) Maldonat et Jansénius pensent que c'étoit, ou Nicodème, ou Joseph d'Arimathye, ou quelqu'autre qui, non moins puissant parmi les Juifs, étoit du nombre des disciples cachés de J. C.

(2) *Cœnaculum erat pars œdium superior. - Dicta sunt cœnacula quod in iis epulari consueverint.* (Blasius Ugolinus : *De ritibus in cœna Domini §. IV.*

(3) Plusieurs Cénacles, et entre autres celui du roi Ochozias, avoient des balcons entourés de balustrades (IV *Reg.* c. 1. v. 2).

membres de la famille se rendoient ensemble
dans cette espèce d'oratoire, lorsqu'ils vouloient disserter entre eux sur la loi divine, ou se livrer en commun à d'autres saints
exercices ; mais chacun pouvoit y venir seul,
quand il desiroit, sans autre témoin que Dieu
et sa propre conscience, converser avec lui
par des oraisons familieres, ou méditer plus attentivement sur les choses sacrées (1). Et voilà
pourquoi, chacun devant avoir la facilité de
s'y rendre secrettement en sortant de sa
chambre particuliere, Léonard avoit pratiqué

---

(1) *Apud Judaeos sic tulit usus ac ratio reli-
gionis ut quisquis felicioris sortis ac sanctioris vitae
homines partem aliquam aedium suarum pietatis
doctrinaeque exercitiis propriam haberent. Sita illa
erat in superioribus domus, proximum ut videtur
tabulato, fenestris apertis versus illum cardinem
cæli in quo templum locatum erat. Illuc se confere-
bant, non tantum quoties soli, Deo et conscientia
testibus, per familiares precationes cum numine
commercium colebant, aut seriis meditationibus rerum divinarum incumbebant; sed etiam ubi cum
aliis de lege divina disputare, aliisque sacris exer-
citationibus vacare volebant.* (Petrus Cunaeus: *De
Republica Hebraeorum.* Not. 11. Ch. VII).

plusieurs petites portes aux deux cloisons
latérales de son Cénacle (1). Ce ne fut pas
avec moins de jugement qu'il y mit des tapisseries, puisque la salle, appartenant à
un homme opulent, elle ne pouvoit qu'être
ornée à la façon de ce temps-là. Ce peintre
instruit devoit en outre, comme il l'a fait,
ne pas nous montrer une plaine dans le paysage qui termine la perspective, parce que
la ville de Jérusalem où l'on célébroit la
pâque, étoit entourée de montagnes, et que
même dans son enceinte elle en renfermoit

---

(1) Toutes les copies, soit peintes soit gravées, qui furent faites du Cénacle avant la prétendue restauration de Belloti, nous montrent les
petites portes latérales. Ce restaurateur qui n'en
connoissoit pas l'intention, et qui d'ailleurs étoit
jaloux de tout couvrir de sa peinture, les fit disparoître dans l'original; de là vient que les peintres
ainsi que les graveurs, qui sont venus ensuite copier le Cénacle *delle Grazie*, se conformant à ce
qu'il voyoient, ne nous les ont point représentées.
C'est pour cela qu'elles ne se trouvent point dans
la belle gravure du célèbre Morghen, ni dans
toutes celles qui ont été faites d'après le dessin
qui lui servit de modèle.

qui pouvoient dérober la vue du temple aux
convives (1). Si l'on demande enfin pourquoi
tous les objets de ce tableau sont éclairés
par un jour encore très lumineux, puisque
l'action religieuse qu'il offre à nos regards,
ne devoit avoir lieu que pendant la nuit,
conformément à la loi (2) ; nous renverrons

_____

(1) Matth. c. 27. v. 33. *Act. ap.* c. 1. v. 12
etc. -- Le paysage de la copie faite à Castellazzo
par Marco da Oggiono, différe essentiellement de
celui du tableau des chartreux ; où il nous semble raisonné à la maniere de Léonard, puisqu'on
y a figuré, non seulement les montagnes dont nous
parlons, mais encore la vallée, et le torrent de Cé-
dron que J. C. passa pour se rendre, un moment
après, un jardin de Gethsémani (Joan. c. 18.
v. 1). Dans le paysage de Castellazzo, que le
dessinateur de Morghen paroît avoir copié, l'on
voit une campagne qui s'étend dans un lointain
très prolongé, et un château d'un genre de cons-
truction qui n'appartenoit qu'aux dixieme et on-
zieme siécles.

(2) L'immolation de l'agneau devoit se faire
entre le déclin du soleil et son coucher, depuis
la seconde heure après midi jusqu'à la sixieme ;
et ce n'étoit que pendant la nuit qui suivoit cette
immolation de l'agneau, qu'on devoit le manger.
(Exod. c. 12. v. 46).

à Calmet, qui lui-même a prouvé que J. C. devançant le jour qu'elle avoit fixé pour la manducation de l'agneau pascal, célébra sa derniere cène avant le coucher du soleil (1).

Pendant toute cette partie de notre description, où il s'agissoit du Cénacle *delle Grazie*, il sera venu sans doute à l'esprit du lecteur de nous demander où nous avons pu prendre cette multitude de détails presque imperceptibles que nous avons décrits avec une attention qui ne supposoit rien moins que la vue bien distincte de l'original, dont cependant nous avons démontré qu'il n'existoit presque plus rien depuis long-temps. Nous ne répondrons pas uniquement que c'est dans notre tableau. Comme ses dimensions ambitieuses et la hardiesse de son exécution montroient qu'il avoit été fait avec une certaine pompe, et par un talent capable de créer, nous avons trop soupçonné que l'artiste avoit pu y mettre de ses idées personnelles, pour croire qu'il suffisoit de ne consulter que cet ouvrage. Nous nous en sommes bien autant

_____

(1) Calmet : *Commentaire sur les Evangélistes.* Joan. c. 13. v. 1.

rapportés à ces modestes et petites copies qui, non moins anciennes, furent faites pour de simples particuliers, et sans prétention de la part de leurs auteurs. L'admiration respectueuse pour le Cénacle *delle Grazie* à laquelle on les doit, la presque certitude qu'elles ont été religieusement dessinées et peintes en sa présence, ne permettent pas de douter qu'elles n'aient le mérite bien précieux d'une scrupuleuse fidélité (1). C'est

---

(1) Nous en connoissons deux que leur vétusté, et la maniere dont elles sont peintes, font remonter aux premiers tems du Cénacle *delle Grazie* : ce sont celles-là même dont le P. Pino a parlé dans sa *Relazione genuina del Cenacolo ec.* aux pages 85 et 86, savoir 1.° celle peinte sur bois, qui étoit entre les mains de l'un de ses freres ; et 2.° celle peinte sur parchemin, qu'il avoit vue dans les Archives du Monastere de S. Ambroise, parmi les chartes relatives à la diplomatie. Après les avoir retrouvées, et les avoir soigneusement observées, suivant que l'exigeoit notre travail, nous avons été portés à croire que celle qui est sur parchemin étoit la plus ancienne et la plus scrupuleusement exacte. Sous ce rapport, elle est d'un grand prix, malgré les dégâts qu'elle a soufferts, et même encore malgré la médiocrité

par elles que nous avons vu complétement justifié le soupçon que le peintre du Cénacle

---

du miniaturiste qui l'a faite. Nous y avons remarqué deux particularités qui probablement se trouvoient dans l'original. La 1. consiste en deux anneaux fixés au plancher du Cénacle, lesquels devoient servir à suspendre des lustres, conformément à ce qui est dit dans les actes des apôtres, (ch. 20. v. 8,) que, dans le Cénacle où S. Paul et d'autres apôtres entrerent en arrivant de nuit à Troade, la salle basse où l'on mangeoit, étoit éclairée par d'aboudans lampadaires : *erant autem lampades copiosae in cœnaculo, ubi eramus congregati.* Il n'y en a cependant pas dans cette copie, ni dans l'original, pour la raison toute simple que l'action se passant de jour, les lumieres étoient inutiles ; les anneaux servent seulement à indiquer que, la nuit, on y suspendoit des lustres. La seconde particularité que nous avons remarquée dans cette copie, et dont nous avons encore apperçu quelques traces dans le Cénacle *delle Grazie*, en la figure de Jacques le mineur, est que les pieds y sont nuds absolument et sans aucunes sandales : ce qui n'est pas dans notre tableau, et ce qui ne devoit pas être, car Dieu même avoit prescrit aux Juifs d'avoir, en mangeant l'agneau pascal, leur chaussure ordinaire qui consistoit en des sandales : *culceamenta habebitis in pedibus.* (Exod. c. 12. v. 11).

des chartreux n'avoit pas, en tout, suivi ce qu'il voyoit dans celui des dominicains. Notre tableau offre en effet des différences ; mais ces différences sont d'heureux changemens qui supposent une érudition plus étendue, une réflexion plus mûre, et même en certains points un talent plus exercée. Presque toutes ces différences sont de véritables corrections faites à la composition primitivément déposée sur la muraille *delle Grazie*. Or s'il put y avoir un écolier de Léonard assez téméraire pour se hazarder à changer de lui-même quelque chose en ce chef-d'œuvre ; y en avoit-il un qui fût capable de mettre dans ses innovations, une science plus éminente que celle de son maître ? Ce n'étoit pas Marco da Oggiono qui, dans sa copie trop vantée, qu'on voyoit dans le couvent de S. Barnaba, ne put s'écarter de son modele qu'en faisant la grave erreur de substituer à la clôture du fond de la salle, trois arcs et un péristile qui la transformoient en un simple vestibule presque à fleur de terre, et livré aux intempéries des saisons (1). Il ne

----

(1) Par cette innovation, *Marco da Oggiono*

montra pas tant de hardiesse dans la copie
qu'il peignit à fresque sur le mur des hié-

---

voulut montrer qu'il avoit aussi de l'érudition;
mais la sienne n'étoit pas aussi étendue, aussi sûre
que celle de son maître. Il a suivi, sans critique
aucune, ce que S. Luc semble avoir dit dans son
Évangile et dans les Actes, où, si l'on en croit le
traducteur, *cœnaculum* est pris pour le *diversorium*,
c'est-à-dire pour ce vestibule situé presque sous
les portiques de la maison, dans lequel les Grecs
et les Romains donnoient l'hospitalité aux étran-
gers. Le maître et sa famille habitoient dans la
partie supérieure de l'édifice, qui, lorsqu'il n'étoit
qu'une hôtellerie, s'appeloit tout entier *Cœnaculum*,
ou *Diversorium*, parce qu'on y mangeoit, et qu'on
y couchoit à tous les étages, comme on le voit
dans les Actes c. 20. v. 8 - c. 9. v. 37 et 39,
et même encore c. 1. v. 13. Mais ce ne fut, ni
dans une hôtellerie, ni simplement dans le vestibule d'une maison particuliere, que J. C. fit sa
derniere cène, et ce n'est pas comme étranger
qu'il fut reçu chez le particulier riche et ami
qui lui prêta son propre Cénacle, lequel, ainsi
que nous l'avons vu, devoit faire partie de l'ap-
partement élevé qui étoit réservé à son usage et
à celui de sa famille. L'élévation, la disposition
et la destination des Cénacles de ce genre sont
formellement indiquées par plusieurs passages de

ronymites de Castellazzo ; aussi conserve-t-elle
les objets à peu près dans l'état où les petites,
dont nous venons de parler, nous ont montre qu'ils étoient dans l'original. Pourroit-ce

---

l'Ecriture Sainte (*Judic.* c. 5. v. 28. - II. *Reg.*
c. 18. v. 33 - IV. *Reg.* c. 1. v. 2 et c. 23.
v. 12 - *Daniel.* c. 6. v. 10. *Jerem.* c. 22. v. 13
et 14, où il est dit : *aedificabo mihi domum la-
tam , et cœnacula spatiosa : qui aperit sibi fene-
stras , et facit laquearia cedrina , pingitque si-
nopide* : ce qui explique les solives que Léonard
a faites au plafond , et la couleur qu'il leur
a donnée , ainsi que la grandeur de la salle , jus-
tifiée d'ailleurs par l'expression de *Cœnaculum
grande* , dont S. Marc se sert : c. 14. v. 15. Ce genre
de Cénacle étoit si incontestablement une chambre
élevée , qu'à l'exemple des Hébreux qui l'appeloient
pour cela *Aalijah* , ou *ghalijah* (*pars superior domus*) , les grecs lui donnoient le nom de Aνώ-
γεων , *Anôgeón* , mot dérivé de Aνωγειος , lieu le
plus élevé de la maison (Ernest : *Lexicon manuale
graecum*). Enfin ce qui doit achever de nous convaincre que Léonard fut plus instruit , plus judicieux que *Marco da Oggiono* , en composant cette
salle religieuse ; c'est l'autorité du savant Calmet
qui nous dit positivement , dans son *Commentaire
sur l'évangile de S. Marc* , que l'endroit où J. C.
célébra sa derniere cène , „ étoit une chambre
haute , toute meublée ".

donc être à cet artiste seul que nous devrions les changemens avantageux que nous allons remarquer dans notre tableau?

Et d'abord, cette copie ancienne est la seule, où la physionomie de l'Homme Dieu, sur laquelle certaines critiques aventurées nous forcent à revenir (1), soit analogue à ce

---

(1) Quelques hommes, répétant le jugement que nous avons entendu prononcer par des femmes qui se plaisent à croire que J. C. fut d'une belle et agrèable figure, blâment celle qu'ils lui voient en ce tableau ; il importe de ne pas laisser prescrire cette erreur qui tend à le dénigrer. Il nous suffiroit pour cela, de leur dire avec le prophète Isaïe : *Sicut obstupuerunt super te multi, sic INGLORIUS erit inter viros aspectus ejus* (Christi), *et forma inter filios hominum* (c. 54. v. 14) : et avec S. Paul : *Semetipsum exinanivit, FORMAM SERVI ACCIPIENS* (ad Philipp. c. 2. v. 7). Tertullien, qui vivoit moins de deux siècles après J. C., affirme qu'il étoit en effet *vultu et adspectu inglorius.* (*De idololatria*). C'est d'après ce témoignage, et beaucoup d'autres semblables, que le savant Jean Lami, théologien du grand-duc de Toscane, et professeur d'histoire ecclésiastique dans l'université de Florence, a dit en son livre

qu'il fut lui-même , et où ses lèvres entr'ouvertes et tremblantes rédisent à nos yeux le
terrible *unus ex vobis,* *etc.* C'est ainsi qu'on
en jugeoit au commencement du dix-septième
siécle, en confirmant que Léonard n'avoit pu
arriver jusques-là , dans sa peinture *delle*
Grazie (1). Toutes les autres copies rap-

---

très curieux : (*De eruditione apostolorum; Florentiae:*
édition de 1766 : 2 tomes *in* 4°, chapitre XVIII.)
que le Christ fut *invenustum.* Voyez y la note 242,
qui se rapporte à ce passage ; et surtout celle (189)
qui appartient au Ch. III , et se lit à la page 116,
où , entre autres citations, se trouve celle-ci, tirée
du livre de Graveson : *De mysteriis et annis Chris-*
ti , (Part. I. Dissert. II.) . *Non decebat ut corpus*
quod Verbum divinum assumpsit , esset elegans ac
venustum , tum quia non expediebat ut Verbum di-
vinum , quod in incarnatione se exinanivit , for-
mam servi accipiens , corporis pulchritudinem quam
despectui habere debemus adsumeret : tum quia etiam,
si Christi corpus fuisset elegans ac venustum , ho-
mines plus aequo sensibus addicti , nimium fortasse
tribuissent gratiae corporali , seu eximio Christi cor-
pori , praestantiorisque cultus lenocinio , quam gra-
tiae coelesti , et occultae divinitati.

  (1) *In hoc exemplo Christi Salvatoris effigiem*
divinum quiddam spirantem . . . Ex imo Christi

pellent trop ce que nous savons de l'im-
perfection où son découragement y laissa
cette tête, qui y resta comme simplement
ébauchée, ainsi que l'attestent d'irrécusables
témoignages (1). Partout ailleurs que dans

---

pectore verba aestuantissima erumpunt . . . . Quam
divini cultus effigiem Leonardus in suo se posse effingere exemplari pro divinitate personae desperans,
imperfectam omnino reliquit. (De vita B. Stephani
Maconis etc. Senis. 1626).

(2) Lomazzo qui fut presque contemporain des
disciples de Léonard, raconte que ce grand peintre,
désespéré de ce que se main ne secondait pas les
sublimes idées qu'il avoit conçues de la divinité
unie à l'humanité de J. C., confia sa peine à son
ami, Bernard Zenale, qui, dans le même temps,
peignoit les fresques qu'on voit encore dans le
cloître du même couvent; et que celui-ci lui ayant
répondu : ,, laisse ton Christ tel qu'il est ; jamais,
tu ne parviendrois à faire rien de plus divin que
les têtes de tes deux SS. Jacques “ ; Léonard
suivit ce conseil : à quoi d'ailleurs il étoit porté
par les dégouts que lui causoient les tracasseries
des dominicains. (Idem : Tempio della Pittura ; Lib.
V. c. 21) — ,, Bernardo Zenale, disent les
,, Lettere su la Pittura (Tom. II, page 185), lo
,, consigliò di lasciar la testa di Gesù Cristo ab-
,, bozzata, come ell'era. Lionardo si arrendè al

notre tableau, le traits du visage du Sauveur, le genre de sa tristesse n'appartiennent qu'à la pauvre espèce humaine ; et la bouche fermée et immobile n'annonce que la stupeur d'un mortel ordinaire que l'excès de son chagrin a réduit au silence d'un extrême accablement. Ici, cette bouche est en action ; et les paroles douloureuses qu'elle prononce, lui donnent un mouvement qui,

---

„ suo consiglio, imitando in un certo modo Timante concorrente di Zeusi, che avendo impiegati tutti i caratteri di dolore ne' volti di quelli, che assistevano al sacrificio d' Ifigenia da lui dipinto in un quadro, non credette di poter esprimer meglio quello del padre sfortunato, che vedeva immolare la sua figliuola, che col coprirgli la faccia col proprio manto ". — Voyez encore Vasari, (édition de Sienne : 1792. Tom. V. pages 30 et 31). L'éditeur de celle précédemment faite à Rome, en 1759 ; donnoit sur ce point un démenti à Vasari lui-même, mais seulement avec des conjectures, comme si les conjectures d'un écrivain du dix-huitième siécle pouvoient détruire ce qu'avoient dit, et Vasari qui vécut presqu'au temps de Léonard ; et d'autres auteurs non moins dignes de foi.

par l'effet de l'indignation naturelle dont elles ne peuvent s'empêcher d'être accompagnées, devient presque convulsif du côté du monstre auquel elles ont rapport (1). Quiconque a des notions suffisantes sur ce que les théologiens appellent l'*union hypostatique*, n'en croira-t-il pas voir, ici, le prodige en quelque sorte renouvelé dans l'ensemble de la physionomie de J. C.? J'y vois bien certainement, oui, j'y vois, sans que mon œil puisse les séparer, la majesté, la sainteté, la charité d'un Dieu ; et tout ce que la passible et foible humanité peut avoir de plus doux, de plus vertueux, de plus touchant et de plus aimable. En qui donc cette union ineffable, qui fit tomber le pinceau des mains de Léonard dans le couvent *delle Grazie*, a-t-elle trouvé un peintre plus heureux? Quel est celui qui, doué de la même sublimité, que l'aigle des évangélistes, lequel, après s'être élancé dans le sein de l'Éternel, et y avoir pénétré le mystere de l'incarnation, revint nous l'expliquer

---

(1) Voyez ci-devant notre observation au sujet de la main droite du Sauveur. (page 118).

si dignemeut par son *Et Verbum caro fac-tum est* ; quel est ce peintre, dis-je, qui, initié de même en quelque façon dans les secrets du Tout-puissant, est venu nous montrer, d'une maniere si frappante, la nature divine, unie, sans être confondue, avec la nature humaine, en cette adorable figure du Sauveur (1).

Dans presque toutes les copies que l'on connoît du Cénacle *delle Grazie*, on remarque, comme dans notre tableau, que la couleur de quelques draperies n'y est pas la même que dans l'original. Mais y a-t-il une copie où ce changement ait été fait, comme ici, je ne dis pas seulement avec la même intelligence du clair-obscur, mais encore avec des motifs historiques aussi profondément raisonnés ? Pour ne pas ennuyer nos lecteurs par un trop grand nombre d'observations sur ce point, nous ne parlerons que de la couleur des vêtemens de S. Jean et de S. Matthieu. La tunique du premier étoit dans le Cénacle des dominicains, d'un bleu

---

(1) *Unus autem non confusione substantiae , sed unitate personae.* (Athan. *Symbol.*).

ou verd clair qui nuisoit à l'effet de sa céleste physionomie; et Marco da Oggiono,
en s'avisant de changer cette couleur dans
sa copie de Castellazzo, y substitua mal-adroi-
tement le blanc, pour marquer sans doute
per une idée commune, la virginité du disciple bien-aimé. Ici, le peintre, qui sen-
toit la nécessité d'une couleur foncée quel-
conque, pour que la figure conservât tout
son éclat, a préféré le violet, parce que,
considérant avec raison cet apôtre comme
l'un des plus distingués, il avoit déja sup-
posé par l'améthiste qu'il avoit mise dans
son agrafe, que Jean étoit de la tribu de
Zabulon dont le violet fut la couleur fa-
vorite; et parce que d'ailleurs la tunique de
laine violette indiquoit, chez les anciens, une
sorte de distinction dans celui qui la portoit (1). S. Matthieu paroît avoir eu, dans

(1) Franc. de Ribera: *De templo*: Libr. *de
Vestibus sacris* c. 14, dit: *Tunica lana violacea ve-
teribus preciosa erat.* — Vilalpand: *De templo;*
Parte 2. L. 5. Disput. 2 c. 29. — Prado *in cap.* 1.
Ezechiel. page 44 = On voit dans ces auteurs, que,
lorsque les tribus camperent autour de l'arche
d'alliance (Num. c. 2), l'étendard de celle de

la peinture *delle Grazie*, une tunique d'un jaune tirant sur le rouge : ce qui, suivant la couleur caractéristique des tribus, pouvoit le faire supposer de toute autre que de celle de Lévi dont il étoit, et que marque l'émérande de son agrafe. Le peintre a fort bien pensé que l'emploi de Matthieu le rendant comme étranger à toute tribu, et lui donnant du penchant pour les choses de luxe, il convenoit de le vêtir, non seulement d'une étoffe plus fine que celle des apôtres pêcheurs, mais d'une étoffe de cette couleur pourpré-bleu-clair, ou gris-cendré, que recherchoient ceux d'entre les Romains opulens à qui la véritable pourpre n'étoit pas permise (1). Et pour que ce goût de luxe

---

Juda étoit verd ; celui de la tribu de Ruben, rouge ; celui de la tribu d'Ephraïm, couleur d'or ; celui de la tribu de Dan, de la couleur de l'escarboucle. Prado, se faisant une autorité d'un passage de Philon, prétend que l'emblême de l'enseigne de chacune des douze tribus correspondoit à l'une des figures du Zodiaque (ibid.). Voyez sur la signification des couleurs, le 107 des emblêmes d'André Alciati.

(1) Le pourpre provenant du *Murex*, ou de

que Matthieu partageoit avec eux (1), fût
encore mieux indiqué, le peintre, qui l'a
vêtu de cette couleur, lui a fait sa tunique
ouverte sur la poitrine pour laisser appercevoir qu'il portoit comme eux, un *indusium*,
c'est à dire la chemise en toile fine : double
particularité qu'on ne voit dans aucun autre
des convives dont la robe, conforme à l'usage
des Galiléens, ne devoit avoir aucune ouverture de ce genre, comme nous l'avons déja
prouvé.

----

la coque du *Kermès*, appelée grain d'écarlate,
n'étoit permis qu'aux patriciens. Les plébéiens riches tâchoient de procurer à leurs vêtemens une
couleur qui en approchât ; mais ils ne pouvoient
employer à cet effet que des sucs d'herbes (Plin.
L. IX. c. 19. – Alex. L. V. c. 18) ; et ces sucs
ne produisoient qu'un pourpre imparfait, dont la
couleur étoit comme passée, semblable à celle de
l'espèce de cochenille que les espagnols appellent
jaspeada, c'est à dire gris cendré ou jaspé.

(1) La premiere chose que fit Matthieu quand
J. C. l'eut appelé, fut de lui donner, dans sa
maison, un grand repas auquel il invita beaucoup
de publicains. (Marc. c. 2. v. 15 ; et Luc. c. 5.
v. 29).

Ne quittons pas cependant la partie des vêtemens, sans remarquer ce qu'une plus profonde érudition a fait innover ici, en celui de Jacques Zébédée. Déja Léonard, dans sa peinture *delle Grazie*, avoit jugé à propos de le différencier de celui des autres, pour un motif particulier que nous révéle plus clairement notre tableau, parce que la premiere idée de ce peintre y est exposée d'une maniere plus exacte et plus savante que dans l'original, où elle n'étoit que vaguement exprimée. Il avoit voulu montrer que cet apôtre fut le premier de tous qui obtint la palme du martyre ; car ce vêtement qu'on voit par dessus sa tunique, est le *collobium* dont, jusqu'aux tems du pape S. Grégoire le grand, furent décorés tous ceux qui avoient subi la mort pour la foi de J. C., suivant un usage que, dans l'intervalle, le pape Eutychien confirma par un decret (1). Mais

_____

(1) Ce pape décréta, en 275, qu'aucun martyr ne seroit enselevi sans le *collobium* de pourpre. Grégoire le grand abrogea cette coutume comme superstitieuse, vers la fin du septieme siécle (*Regist. L. IV. epist.* 48).

quand Léonard avoit voulu donner cet ornement au Jacques Zébédée du réfectoire des
dominicains, il n'en connoissoit pas encore assez
bien la forme et la couleur : ce qu'atteste la
maniere inexacte dont il l'y représenta. Cette espèce de dalmatique devoit être d'un pourpre éclatant ; et ses manches devoient venir,
en s'elargissant de plus en plus depuis l'épaule
s'arrêter sur les bras, sous lequels flottoit
la partie inférieure de leur ample contour, comme nous voyons qu'une plus parfaite connoissance l'a fait observer dans notre tableau (1).

Passant des vêtemens aux objets qui
sont sur la table, j'y trouve, dans le Cénacle

---

(1) On décernoit au *collobium* le titre glorieux
de *Tunica palmata Triumphantium* ; il étoit sans
couture, et l'ampleur de ses manches avoit des
raisons mystiques que l'on peut lire dans Alcuin.
La description de ce vêtement d'honneur se trouve
dans Cassien (L. 1. c. 5); et Tertullien en parle
dans son livre *De Toga ad Pallium*, où il en dé-
crit les manches en ces termes : *nec manibus arctas,
nec brachiis parcus.* – Voyez. J. J. Hofmann : *Lexicon*; aux mots *tunica* et *collobium*, ainsi que Lazare Baïf, et Oct. Ferrari, dans leur traité res-
pectif *De Re vestiaria.*

delle Grazie, tel que nous le montrent les plus anciennes copies, l'agneau pascal en son entier, et placé devant le Sauveur. Léonard n'avoit pas alors réfléchi que le repas étoit fort avancé, touchoit même à son terme, quand Jésus annonça qu'il alloit être trahi (1); et que, par conséquent, l'agneau devoit être déjà mangé en très-grande partie. Calmet croit que cette révélation affligeante fut faite entre la fin de la cène et l'institution du sacrement de l'eucharistie (2). Ce

---

(1) *Et edentibus illis, dixit* etc. (Matth. c. 26. v. 21) - *Et manducantibus ait Jesus*: (Marc. c. 14. v. 18) - *Et coena facta*, (Joan. c. 13. v. 2. 5).

(2) Calmet: *Comment.* sur le chap. 13 de l'Evang. selon S. Luc. - Le cardinal Frédéric Borromée, dans son opuscule *De Pictura Sacra*, L. II. cap. 4. *De Mysteriis Salvatoris*, page 59 du tom. 6 de la collection de Gori, semble faire le procès à Léonard, lorsqu'il blâme les peintres qui, voulant représenter la derniere cène où le Sauveur institua l'Eucharistie, mettent l'agneau sur la table; et prétend que ce ne fut pas là qu'il fut mangé, mais en un festin à part. ,, C'est, dit-il, ce que savent ceux qui ont étudié l'antiquité avec

moment est ici précisément indiqué par les os de l'agneau qui sont dans les assiettes, et par le peu qui en reste sur les deux plats où il se trouvoit divisé en deux parties. C'est par l'effet d'une judicieuse réflexion que le peintre a laissé vide celui qui est devant le Sauveur, ne jugeant pas con-

---

le plus de soin ". Mais ceux des érudits dont il veut parler, ont seulement présumé qu'avant la manducation de l'agneau pascal, qui ne formoit qu'un très mince repas, les juifs en faisaient un plus solide, avec lequel on ne devroit pas là confondre. Mais cette distinction-là même n'a pas paru incontestable à d'autres savans non moins versés dans l'étude de l'antiquité (Voy. *Blasii Ugolini Dissert. de Ritibus in coena Domini*). Ce n'est pas au reste la seule méprise que ce Prélat ait faite en ce qui peut concerner le Cénacle de Léonard, car il a cru que les paroles prononcées par J. C. dans la composition de ce grand peintre, étoient celles-ci : *Qui intingit mecum manum in paropside, hic me tradet.* (Voy. son *Museum* pag. 127). La seule vue du mouvement des apôtres en cette peinture, devoit suffire pour le détromper ; et s'il avoit eu ouvert le livre de Luc Pacioli *De la divina proportione*, une telle erreur n'auroit point eu d'accès dans son esprit.

venable de placer ni l'agneau, ni aucun autre mets, devant celui qui se constituoit lui-
même l'agneau de dieu et la nourriture des
élus (1).

Si c'est Léonard qui, le premier, a
mis un plat de poissons sur la table de la
cène, dans le réfectoire *delle Grazie*, quoiqu'il ne dût pas ignorer que le seul mets
qu'on pût ajouter alors à l'agneau roti, étoit
ce que la Vulgate appelle laitue sauvage (2);

---

(1) Joan. c. 29. v. 36 - Joan. 6. v. 55.

(2) Num. c. 12. v. 8. 9. 46. - Il est vrai
qu'on a dit que, dans des tems moins éloignés de
nous, les juifs ajoutoient à l'agneau pascal quelques
petits poissons, avec un œuf dur et de la viande, à
cause du *Léviathan*, de l'oiseau *Ziz*, et du *Béhé-
mot*, qui, suivant leur bizarre croyance, étoient
trois animaux destinés au festin des élus dans
l'autre vie. Mais cet usage n'étoit pas regardé par
Calmet, comme ancien, ni même comme certain
(*Dictionn. de la Bible*, au mot *Pâque*). Ce qui
est plus sûr, c'est qu'il n'existoit pas aux tems
de J. C., où il paroît même que les juifs ne se
permettoient point encore dans les festin pascal,
comme ils l'ont fait depuis, cette espéce de mou-
tarde épaisse qu'ils appellent *Charoseth*, laquelle,
d'abord composée avec des feuilles de palmier,

il faudra croire que les dominicains l'y for-
cerent, peut être pour avoir devant les yeux

---

des figues et des raisins cuits au soleil, l'a été
depuis avec des chataignes et des pommes. A l'é-
poque de la derniere cène du Sauveur, on ne
mangeoit rien qui eût la liquidité d'une sauce ; et
ce qu'on ajoutoit à l'agneau, consistoit seulement
en ce que notre Vulgate nomme *laitues sauvages*,
et le texte hébreu *amertumes*, *choses amères*, parmi lesquelles on comptoit la chicorée, le céleri,
la laitue agreste, qu'encore de nos jours, les
juifs, dans le même festin religieux, mangent
pilées ensemble et réduites en noyaux de la grosseur des olives. Il est probable qu'autrefois, pour
les manger desséchées, on employoit le procédé
par lequel les Egyptiens, au rapport d'Hérodote
(*Hist.* 1. 2) réduisoient certaines plantes qui crois-
soient chez eux après l'inondation du Nil, en une
pâte dont il formoient de petits massepains qu'on
faisoit torréfier ensuite dans un four très chaud,
quand en vouloit les trouver plus agréables au
goût. Comme ils en vendoient aux peuples voisins
qui les aimoient beaucoup, les juifs qui en ache-
toient, avoient dû essayer d'en faire de pareils
avec celles de leurs plantes indigènes qu'ils étoient
obligés de manger sèches. Notre peintre l'a cru,
car ce ne peuvent être que de semblables massepains composés d'herbes ameres, et torréfiés, ces

un bel exemple qui, vers les jours anniver-
saires de la cène, les fortifiât contre le dégoût des nourritures quadragésimales. *Marco*
da Oggiono crut devoir le même objet d'é-
dification et d'encouragement aux hyérony-
mites de Castellazzo ; et si c'étoit lui qui
eut fait notre tableau pour les chartreux, à
qui cet exemple eut été bien plus utile, et
même agréable, car leur règle les rendoit
presque ictyophages ; pourquoi seroit-ce là,
précisément, qu'il auroit supprimé le plat
de poissons ? Pourquoi, encore une fois, s'y
seroit-il montré plus instruit, plus exact, que
celui qui en mit un sur la table du Cénacle
des dominicains ?

---

noyaux de la grosseur des olives, brunis et comme
grillés, qu'il a mis sur deux petites tourtieres, aux
deux extrémités de la table. Comme il en reste
moins du côté où il y a plus d'apôtres d'une âge
avancé, nous comprenons que l'artiste savoit que,
dans ce festin, chaque convive avoit dû commencer par manger autant de ces espèces d'olives,
qu'il avoit satisfait de fois au devoir de la pâque.
(*Blasii Ugolini Dissert. de ritibus in coena Domini*):
— Voyez encore le Rabbin Maimonide : *De Rebus*
Christi, et *de Cibis vetitis.*

L'espece de couteau de chasse ou de pêche que l'on voit à la main de Pierre, nous donne encore lieu d'observer une plus grande intelligence dans le peintre du Cénacle de la chartreuse, que dans celui *delle Grazie* où ce glaive étoit nud : ce qu'il ne devoit pas être, puisque ce n'est point un couteau de table, et que Pierre ne le tira du fourreau qu'au jardin de Gethsémani, quand les satellites vinrent saisir son maître. Ici, ce glaive suspendu par un cordon à sa ceinture, indique par là, sa destination, beaucoup plus nettement qu'elle ne l'est ailleurs; et le fourreau qui l'enveloppe, l'empêche de choquer notre vue, comme il le fait dans tous les autres Cénacles où le voyant nud, l'on craint qu'il ne blesse les mains de l'apôtre vers lesquelles il s'égare.

Quelque minutieuse que puisse sembler cet examen approfondi des heureuses différences, qu'offre la tableau des chartreux, et malgré notre desir de ne pas nous étendre davantage sur ce sujet, nous ne saurions nous abstenir de dire quelques mots sur la tapisserie qui décore les deux côtés de la salle où se fait la cène. Nous sommes loin d'attribuer à Léonard celle dont on apperçoit encore des vestiges dans le Cénacle des dominicains, et que les copistes modernes ont voulu imiter. Elle est toute entiere de Belloti, qui, fier de la trouver semblable à celles que Léonard avoit mises en d'autres tableaux, et que pour cela on appeloit *Vinciesche* (1), en couvrit absolument les cloisons latérales de la salle, d'où il fit ainsi disparoître les petites portes que l'auteur y avoit très judicieusement représentées (2) . En ce point, si facile à bien connoître, Léonard n'avoit pas manqué de se conformer aux usages de la nation , de l'époque et de la circonstance où la vue de sa peinture devoit reporter la pensée du spectateur. Les anciennes copies , et notamment celle de Castellazzo, nous montrent qu'il avoit fait sa tapisserie, non en espèces d'arabesques , comme celles de cuir qu'on fabriquoit à Venise, et dont l'invention venoit

---

(1) Elles sont, dit M. l'abbé Amoretti ,, con intreccio di gruppe di corde o cifre " (*Osserva-zioni su i disegni di Lionardo*. Milano , 1784 pag. 174).

(2) La trace de ces petites portes s'y voit encore ; elles percent au travers de la tapisserie dont on les a couvertes .

d'Espagne, et encore moins en une sorte
de velours ciselé qu'on n'a inventé que vers
la fin du dix-septième siécle ; mais en feuillages et fleurs naturelles avec les couleurs
qui leur sont propres. Telles étoient en
effet les tapisseries dont les juifs ornoient
les salles destinées à quelque solennité religieuse dans l'intérieur de leur famille, par
une suite de la décoration de ce genre qu'ils
y mettoient dans le repas de leur fête des
tabernacles, appelée *Scénopegie*, pour imiter les pavillons en feuillages sous lesquels
ils devoient la célébrer. De là vint que les
fabricans des tapisseries de leur maison, aux
tems mêmes de J. C., s'appeloient *Scenopé-*
gistes, c'est-à-dire faiseurs de tentures re-
présentant des arbres, des feuillages et des
fruits (1).

_____

(1) Voy. *Act. apost.* L. 18. v. 3. - Il y avoit
d'autres artisans qui faisoient des tapisseries en
tissus de laine couleur hyacinthe, c'est-à-dire
azur céleste, brodées d'or et de lin (Calmet :
Diction. au mot *Hyacinthe*); mais celles-là étoient
réservées pour le tabernacle (Exod. c. 26. v. 1
et 36). Les Grecs appeloient *peripetasmata* les
tentures de cette espèce. Depuis que les Romains

Comme le sentiment franc et libéral qui nous porte à relever le mérite du Cénacle des chartreux, est exempt de tout motif capable de nous faire craindre qu'on ne lui trouve des défauts qui en diminuent le prix, nous dirons loyalement qu'on lui reproche d'être imparfait dans la perspective, et très incorrect dans les pieds des personnages. Mais il nous sera permis d'observer que la reconnoissance de ces défauts ne sauroit détruire la conviction déja bien établie, que le

---

avoient hérité des états d'Attale, roi de Pergame, et des meubles de son palais, parmi lesquels il y avoit des tapisseries brodées d'or, ils leur donnoient le nom d'*Aulaea*, dérivé de celui d'*Aula*, parce qu'ils les regardoient comme dignes d'orner la cour d'un prince ; mais les particuliers, chez les Juifs, se contentoient des tapisseries *scenopégiennes*. Le savant abbé Fleury nous dit qu'ils ,, aimoient à faire leurs repas d'alégresse, entourrés de feuillages et de fruits, soit en nature soit en représentation (*Moeurs des Israélites* N.° 17). - Voyez, pour ce qui concerne les tapisseries, Virgile : *Georg.* L. III. v. 24 - *Horat.* L. III. od. 29. v. 15 - Plutarc. *de Fabricio* - Servius *in* L. III. *Georgic.* : et Bernard Picart : *Cérémonies religieuses.*

talent de Léonard se retrouve en cette copie. Nous n'affirmerons pas que les pieds y
aient été faits par lui ; mais nous demanderons s'il les avoit parfaitement traités dans
l'original. Les auteurs anciens qui en ont
parlé, n'y ont gueres vanté, en ce qui concerne les figures, que l'expression et la
beauté des physionomies, dans lesquelles il
avoit peut être, comme ici, concentré sa
principale application. Si l'on trouvoit qu'il a
fait avec soin ces extrémités en des tableaux
d'une grandeur médiocre, auroit on le droit
d'en conclure qu'il n'avoit pas pu les né-
gliger en cette vaste, longue et fatigante
composition, où la forme des pieds devenoit
de si peu d'importance pour la grande action qu'elle représentoit, et où, de lassitu-
de, il avoit même abandonné, sans être
finie à son gré, la tête du Sauveur ? Est-il
beaucoup d'aussi immenses tableaux des autres grands-maîtres où ils n'aient pas laissé
comme ébauchées des choses indifférentes à
l'action principale ?

Quant à ce qui regarde la perspective,
nous conviendrons que, dans l'état où notre
cénacle vient d'être mis par une restauration
très habile à beaucoup d'égards, la couleur très

foncée dont l'artiste a repeint le fond de la
salle, et surtout les lignes très prononcées
avec lesquelles il y a formé les chambraules
de la porte, le font paroître beaucoup trop
rapproché des personnages. Mais reprenant
notre tableau avant cette époque, et lorsqu'on y voyoit encore ces parties faites d'une
maniere plus vague et moins sombre ; s'il
paroissoit même alors manquer de perspective, ce défaut, apparent plus que réel,
n'avoit pas toujours existé : il ne provenoit
que du retranchement de la portion supérieure de la toile, qui contenoit le plancher
avec ces solives qui, dans le cénacle des
dominicains, forçoient l'œil à se perdre dans
l'illusion d'une salle très prolongée.

CHAPITRE VIII.

Conséquences qui dérivent du chapitre pré-cédent. Motifs qui ont dû porter Léo-nard à travailler à la copie dont il s'agit. Probabilité qu'elle avoit été de-mandée par un grand Prince. Conjec-tures sur les causes qui ont pu la faire tomber entre les mains des chartreux. Conclusion du présent ouvrage.

Tout ce que nous venons de faire observer sur les différences de détails qui distinguent avantageusement notre tableau, nous ramène naturellement à la croyance que Léonard, non content d'y faire les figures, a dirigé, dans tout le reste, le travail du copiste à qui nous le devons. Loin de nous cette exa-gération inconsidérée qui a fait dire par quelques journaux complaisans, qu'il étoit en entier l'ouvrage de Léonard ; et même qu'il avoit été peint avant le Cénacle *delle Grazie*, et lui avoit servi de modèle (1).

_____

(1) Le seul où il en ait été parlé convena-blement, est le *Giornale Italiano* de Milan, dans les feuilles des 19 août et 9 octobre 1810.

'Si les enthousiastes aveugles qui avancerent de telles suppositions, avoient su remarquer les corrections dont nous avons parlé, et s'ils en avoient compris le motif, ils se seroient bien gardés de vouloir faire considérer cette copie comme le premier produit d'une composition qui se trouve en elle, beaucoup mieux raisonnée et pourvue d'une plus grande étendue de connoissances qu'elle ne l'étoit dans l'original.

Nous trouvant placés entre ces exagérateurs ~~malavisés~~, et les dépréciateurs non moins suspects qui voudroient que le pinceau de Léonard ne se reconnût pas dans notre tableau, nous devons, après avoir détrompé les premiers, sans avoir toutefois contrarié leurs vues, ne pas dédaigner la déraisonnable opposition des autres. Mais il nous suffira de prier ceux-ci de nous dire quel seroit donc le peintre à qui on devroit ces têtes que Léonard seul étoit capable de faire aussi bien; quel seroit le peintre qui, plus instruit qu'il ne s'étoit montré lui-même dans le Cénacle des dominicains, auroit indiqué ces changemens, qui ne pouvoient l'être que par l'artiste le plus studieux, le plus savant de son siécle, c'est-à-dire par Léonard.

Quand même nous accorderions que *Marco da Oggiono* est celui de ses élèves à qui l'entreprise de cette copie fut confiée, nous n'en serions pas moins fondés à soutenir que le maître en a peint lui-même la partie la plus essentielle et que, dans le reste, il a guidé le disciple. *Marco* ne seroit pas le seul dont il auroit retouché et perfectionné les ouvrages, car nous savons qu'en des tableaux même qui n'étoient pas, comme celui ci, les copies des siens propres, il rendit un pareil service à son autre écolier, André Salaï (1). On nous répliquera peut-être que, s'il prit cette peine en faveur de Salaï, ce fut uniquement parce qu'il affectionnoit singuliérement cet élève, et qu'il s'intéressoit particuliérement à sa gloire. Mais ne s'intéressoit-il pas également à celle de la composition de son Cénacle qu'il ne pouvoit que desirer de rendre plus parfaite ? „ Ce Léonard si peu empressé de multiplier ses ouvrages, dit Mariette, cher-

---

(1) Voy. Vasari, Edition de Sienne, tom. V. page 38 ; et *Osservazioni su i disegni di Lionardo*, par M. l'abbé Amoretti, édition de 1784, page 93.

choit sans cesse, en retravaillant les mêmes
objets d'après de nouvelles études et de
plus profondes réflexions, à perfectionner ce
qu'il avoit déja peint (1) ". C'étoit par son
exemple, bien plus encore que par ses préceptes, qu'il persuadoit à ses disciples ., qu'un
peintre doit toujours être dans l'anxié'é que
produit le regret de n'avoir pas assez bien
réussi, accompagné du desir de faire mieux;
et tenter sans cesse de nouveaux efforts pour
arriver à la perfection (2) ". Regrettant par
conséquent lui-même de n'y avoir pas atteint
à son gré dans le Cénacle *delle Grazie* ;
frappé, comme il devoit l'être, des légeres
erreurs qu'il y avoit commises ; convaincu,
par de nouvelles connoissances et de plus
mûres réflexions, que les détails de cette
immense composition y étoient susceptibles de
plus d'exactitude ; inconsolable de n'avoir pu
y terminer, selon la sublimité de ses idées,
la tête du Sauveur ; ne pouvant plus per-

---

(1) *Lettere su la pittura* etc. Tom. II. page
176. – Scanelli : *Microscomo della pittura* ch. 43.

(2) Leonardo da Vinci : *Trattato della pittura*
ch. 273.

fectionner toutes ces choses chez les dominicains qui l'en avoient détourné par leurs
mauvais procédés envers lui ; manquant d'ailleurs de forces (1), de courage, et même
de temps pour entreprendre de faire lui-
même une seconde fois son Cénacle en entier ;
put-il s'empêcher de chercher du moins à
le perfectionner dans la copie entreprise
avec le plus de solennité par un de ses élèves ; dans celle qui, devant elle seule avoir
les majestueuses dimensions de l'original,
méritoit par cela-même d'en devenir la ri-
vale (2) ?

_____

(1) Il avoit alors au moins 60 ans.

(2) M. le conseiller de Pagave, en inclinant
à regarder comme original un dessin du Cénacle
qu'il avoit sous les yeux, pensoit qu'il étoit réservé
pour servir à peindre un autre Cénacle sur mur ou
sur toile (Vasari. Note de la page 34 du vol. V. de
l'ed. de Sienne). On pourroit en dire autant de
ces têtes des apôtres que Léonard avoit coloriées
au pastel, et qui sont maintenant dans la galerie
du roi d'Angleterre. Quelques auteurs ont cru
que ces dessins coloriés avoit été faits avant la
peinture _delle Grazie_, en manière d'études, et pour y
servir de modèles; cependant il est certain que Léo-

Que si, à tous ces motifs, vint se joindre la considération due au personnage é-

nard, avant de peindre, ne faisoit que de simples esquisses au crayon ou à la plume, en ajou-
tant quelques coups de pinceau avec de l'encre
délayée qui suffisoit pour leur donner la derniere
perfection et toute l'intelligence possible : et ces
dessins étoient sur des feuilles de papier d'une
grandeur et d'une qualité fort ordinaires (*Lett.*
su la pittura etc. Tom. II. pages 170. 174. 188.
189. 191. 192). Tel étoit celui, bien connu,
d'après lequel il peignit son Cénacle (*ibid.* pages
183 et 196). Il n'avoit préludé à ce grand ouvrage par aucun de ces pompeux cartons, faits
suivant la méthode qu'indique le foible Arménini dans le chapitre 6 de son traité *De' veri pre-*
cetti della pittura : (Parte I.). On ne trouve cités
comme cartons de Léonard, que celui qu'il fit
pour la vaste bataille qu'il avoit à peindre dans
la grande salle du conseil, à Florence ; et celui de
ce tableau de Ste Anne qui lui avoit été demandé
pour le maître-autel de l'Annonciade de la même
ville ; mais ces cartons n'étoient encore que des
esquisses faites avec hardiesse et célérité, de la
même maniere que les autres dessins ; et l'on doit
remarquer, qu'il n'exécuta en peinture, ni l'un
ni l'autre de ces deux cartons ; qu'il ne dessina
pas même en entier celui qui étoit le plus ample,
comme si son talent eût perdu courage en ce tra-

minent par qui la grandeur de cette copie, à nulle autre pareille, fait justement penser

———————————

vail préliminaire. (Vasari : éd. de Sienne. Tom. V. pag. 39 et 58). Dans aucun de ses ouvrages peints avec tant de chaleur et de vérité, il ne mérita le reproche que Milizia fait à ces artistes sans verve qui perdent de longs jours à caresser d'un crayon lent et froid le simple essai de ce qu'ils ont à peindre, et ne peuvent plus porter ensuite sur la toile qu'une main lassée, une imagination amortie et toute la langueur d'un copiste. Léonard, en peignant, n'auroit-il donc rien eu de cette pétulance créatrice qui fit que le Guerchin, trouvant trop retardée au gré de son génie, l'application de son carton à la voute où il avoit à peindre la lutte d'Hercule avec le géant Antée, brisa d'impatience cet importun chassis, en déchira le papier; et, précipitant les débris au bas de son échafaud, se mit aussitôt à dessiner d'idée son sujet au plafond, et peignit de suite avec une ardente facilité, cette admirable fresque que l'on admire encore dans le palais Sampieri à Bologne. (*Notizie della vita del Guercino*, dediées à S. M. I. Napoléon 1. *Bologna* 1808).

Ce qui pourroit servir à prouver que Léonard ne fit les pastels dont il vient d'être parlé, que d'après les têtes qu'il avoit déjà peintes dans le Cénacle *delle Grazie*, et qu'afin de conserver le

qu'elle avoit été ordonnée à l'un des éléves;
et qui, suivant toute vraisemblance, ne se

---

complément d'expression qu'elles tenoient des car-
nations, des teintes et demi-teintes qu'il leur y
avoit données, c'est que la tête du Christ qu'il
n'y avoit pas terminée, ne fit jamais partie de
ces pastels. Il est à présumer qu'il ne la jugea
pas digne d'être copiée de cette maniere. M. l'abbé Amoretti nous dit dans ses *Osservazioni sui disegni di Lionardo* page 59 de l'édition de 1784,
que la célébre peintre, Madame Angélique Kauff-
mann lui a écrit que, parmi ces têtes coloriées
qu'elle avoit vues à Rome, celle du Sauveur n'y
étoit pas. Le P. Monti, dominicain, avoit avoué
lui-même en racontant, dans une lettre en date
du 5 octobre 176?, comment on les avoit dé-
couvertes, qu'il n'y en avoit que douze : *in do-
dici tavole gli esemplari di ciascheduna figura*
(*Voy. Relazione genuina* etc. page 69). Elles
avoient été trouvées dans la maison des comtes
Arconati, patriciens de Milan; l'un d'eux, le
comte Joseph, mort en 1763, les avoit cédées
au marquis Casnédi; celui-ci les avoit portées à
Venise, où elles étoient devenues la propriété de
la famille patricienne Sagrédo, à l'extinction de
laquelle, les héritiers les vendirent, avec d'autres tableaux, au consul d'Angleterre qui les
fit passer en son pays, où elles sont dans la

seroit abstenu de la demander au maître que pour épargner à son âge avancé un travail aussi pénible: il étoit dès-lors impossible que Léonard n'y portât pas son pinceau, pour combler, autant qu'il étoit en lui, les vœux du prince qui la desiroit sans doute avec l'espoir de l'y retrouver lui-même.

Or, parmi les personnages illustres qui, de son temps et comme en sa présence, admirerent sa peinture *delle Grazie* avec l'ambition d'en posséder une pareille, on voit trois princes souverains, lesquels, en cette circonstance, le comblerent de magnifiques bienfaits et de faveurs signalées qui devenoient dans son ame reconnoissante autant d'aiguillons propres à le porter invinciblement à satisfaire, selon tout son pouvoir, cette envie si flatteuse pour lui-même.

Le premier en date est ce même Lu-

---

galerie du roi. Ce dessin de la tête du Sauveur que possédoit le docteur abbé Mussi, et qui est maintenant dans les mains de ses héritiers, à Milan, bien qu'on le croye de Léonard, n'est pas regardé par les connoisseurs, comme ayant fait partie de la collection des pastels dont il s'agit.

dovic le More par l'ordre de qui Léonard avoit peint son Cénacle chez les dominicains. Ce duc de Milan qui venoit passer plusieurs heures de suite à le contempler, et restoit en extase devant ce bel ouvrage, comme nous l'apprend un de ses contemporains (1); ce prince si passionné d'ailleurs pour l'art des Zeuxis et des Apelle (2), s'en retournoit-il en son palais, situé dans ce que nous appelons aujourd'hui *le château*, sans desirer d'y avoir habituellement sous les yeux, un tableau parfaitement semblable à cette merveilleuse composition du plus étonnant

***

(1) *Quam per longissimas horas defixit obtutus.* (Dialog. du P. George Rovegnatino avec son confrère, le P. Ambroise Taegio, sur les disgraces qui accompagnèrent la captivité du prince Ludovic.) Voy. la *Relazione genuina* etc. du P. Pino : pages 57 et 71.

(2) Léonard n'étoit pas le seul peintre qu'il eût attiré à Milan; il y avoit aussi fait venir le comasque Donat Montorfano; à qui l'on doit le calvaire qu'on voit encore vis-à-vis du Cénacle, dans le réfectoire des dominicains; et le trévisan Bernard Zenale qui a peint les fresques, encore subsistantes, du cloître de ces religieux.

de tous les peintres ? Et quand Léonard se
voyoit gratifié par lui d'une pension annuelle
de cinq-cens écus, et de la donation d'un vaste
jardin; lorsque ce duc en même-temps l'ins-
tituoit fondateur d'une école de peinture à
Milan (1) ; la reconnoissance de Léonard
ne devoit-elle pas le pousser d'une maniere
impérieuse à faire ensorte que cet illustre
bienfaiteur eût de son Cénacle une copie
équivalente à l'original? Si Ludovic l'obtint ;
si elle étoit dans son château, lorsqu'en
1499, il fut obligé de s'enfuir momentané-
ment, ou lorsqu'en 1500, il fut livré aux
Français qui vinrent s'y établir maîtres de
ses meubles, comme de ses états ; cette
copie auroit pu changer alors de destination
par l'effet de la prévoyance des serviteurs
du duc qui l'auroient cachée pour la sous-
traire aux vainqueurs, et la lui conserver.

(1) *Osservazioni su la vita e i disegni di Lionardo*, page 105 de l'édition des classiques italiens.

(2) Que de choses précieuses, que Léonard
avoit sans doute offertes au duc, à l'exemple de
Luc Pacioli, se perdirent alors, et ne se sont

Dans cette hypothèse, on expliqueroit aisément comment elle tomba dans la suite en la
possession des chartreux de Pavie ; car le
prince Maximilien, son fils, que, douze ans
après, les Suisses vinrent installer sur le trône
de son pere, affectionnoit assez ces religieux,
qui étoient les premiers vassaux de son cher
duché de Pavie dans lequel il avoit été élevé
et dont il aimoit à conserver le titre (1),
pour leur faire présent de ce beau tableau
qui lui auroit été remis à cette époque encore très orageuse pour lui-même.

Si ce n'est pas pour le duc Ludovic
que cette copie fut faite, n'a-t-elle pas pu l'être
pour le roi de France, Louis XII, qui, ayant

---

jamais plus retrouvées! De ce nombre est le traité
qu'il avoit écrit *sur l'anatomie du cheval*, dont
parlent et Lomazzo L. I. c. 19, et les *Lettere su
la pittura* etc. Tom. II. p. 180 ; ainsi que son
livre sur la question *si la peinture est plus noble
que la sculpture*, qu'il avoit composé par l'ordre
du prince Ludovic. (Vasari : *Giunte*, page 58 du
tom. V. de l'édition de Sienne).

(1) *Osservazioni su la vita e i disegni di Lionardo*; edition de 1784 page 55 ; et des Classiques
italiens, page 111.

trouvé Léonard à Milan quand il y vint en conquérant, l'an 1507, lui donna, dans le ravissement que lui causoit la vue du Cénacle *delle Grazie*, le titre de peintre du Roi de France, avec le privilège d'extraire pour l'irrigation de ses terres, douze pouces d'eau, du grand canal près de S. Christophe aux portes de la ville; et qui enfin l'y retint tout le temps qu'il resta lui même en Italie (1)? Si ce monarque n'emporta pas cette copie, lorsqu'il repassa les monts, en 1509, c'est qu'elle ne pouvoit pas être achevée; et si les Français, forcés trois ans après, d'abandonner le pays, ne la prirent pas avec eux, c'est que leurs désastres, après leur défaite à Novarre, leur en oterent la facilité. Ce qu'il y a de cer-

---

(1) Quand Louis XII. fut parti de Milan pour la France, Léonard profita de cette circonstance pour aller, en 1510, partager avec ses frères, à Florence, l'héritage de son oncle. En 1512, avant que les Français eussent éprouvé leur revers de Novarre, il revint à Milan, d'où il repartit pour Florence presqu'aussitôt après leur retraite. (*Osservazioni su la vita di Lionardo*; page) 112 de l'édition des Classiques ital.).

tain, c'est que Léonard avoit travaillé à des ouvrages de peinture pendant le séjour de Louis XII. en Italie (1); et que, soit au départ de ce monarque, soit à celui de ses troupes, il ne fut porté en France rien de ce que Léonard avoit peint; car les premiers de ses tableaux qu'on y ait vus, sont ceux qu'en 1516, Francois 1. y apporta lui-même, quelques mois après la victoire de Marignan (2).

Veut-on enfin que cette copie du Cénacle *delle Grazie* n'ait été faite par l'ordre d'aucun de ces princes, et que, s'ils l'ont commandée, Léonard n'ait pu être déterminé, par des motifs suffisans, à la rendre digne d'eux, en y travaillant lui même; on ne contestera pas du moins que François I. n'ait voulu en avoir une aussi parfaite que l'original; et que le devoir, et le sentiment, n'aient impérieusement exigé de Léonard qu'il y travaillât pour la rendre telle.

_____

(1) *Ibid.* édition de 1784, page 93; et des Classiques ital. pag. 111.

(2) Vasari; édition de Sienne, tom. V. page 38.

On sait d'abord que ce grand monarque, l'émule des Médicis, protecteur et restaurateur, comme eux, des arts ainsi que des lettres, n'eut pas plutôt vu le Cénacle *delle Grazie* qu'il forma la hardi projet de transporter en France la muraille sur laquelle il étoit peint (1); et que, manquant de machinistes assez habiles pour cette gigantesque opération, il chercha à s'en consoler, en voulant qu'on fît pour lui de cet admirable chef-d'œuvre une copie qui correspondît à ses vœux et au mérite du modèle. Sans doute qu'elle fut entreprise à l'instant; et elle devoit être déjà commencée quand Léonard, qui étoit alors à Rome, en revint subitement pour offrir à ce monarque les hommages de son admiration, de son respect et de son dévouement. Accueilli par lui de la manière la plus bienveillante et la plus honorable; lorsqu'il se vit, en outre, favorisé par la munificence royale d'une pension de neuf cens écus, et confirmer le titre de peintre du roi de France; lorsque Fran-

---

• (1) Vasari *Vita di Lionardo*. Tom. de l'édition de Sienne.

çois I. lui déclaroit affectueusement qu'il l'attachoit pour toujours à sa personne auguste, et ne vouloit plus se séparer de lui (1); Léonard fut-il assez peu sensible à de si hautes marques d'estime et d'amitié, pour voir continuer la copie destinée à ce prince, sans chercher à la rendre digne de cet illustre protecteur qui ne desiroit rien tant que d'y retrouver son génie et son talent? Une telle indifférence, qui n'auroit pas été exempte d'ingratitude, lui étoit absolument impossible.

Objecteroit-on que la copie, qui fut faite pour François I., est celle qu'on voyoit naguères à Paris, dans l'église de S. Germain *l'auxerrois*? Ce seroit sans fondement qu'on l'affirmeroit. Ceux qui l'ont dit, n'ont jamais, en cela, parlé que par conjecture et au hazard, uniquement déterminés par l'envie de trouver quelque part la copie faite pour ce monarque (2). Mais celle-là étoit-elle

---

(1) *Osservazioni su la vita e i disegni di Lionardo*. Edit. des Classiques ital. page 117.

(2) Il est dit seulement dans les *lettere su la pittura* etc. (Tom. II. page 183, note 3) : „ E'

aussi digne de lui et de l'original, que l'étoit celle que nous avons devant les yeux, à laquelle il n'en fut jamais de comparable?

Comme on compte à peine cinq mois depuis l'arrivée de Léonard à Milan en cette occasion, jusqu'à son départ pour la France avec François I., vers la fin de janvier 1516, il n'auroit pu faire avancer assez l'exécution de ce tableau pour qu'il fût achevé à cette époque. Mais prévoyant qu'il partiroit bientôt, il se seroit hâté d'y peindre ce qui en constituoit la partie la plus importante; et auroit laissé au copiste, qui l'avoit entrepris, le soin de peindre le reste à loisir. Le travail de celui-ci, contrarié ensuite par les

---

verisimile che questa copia fosse fatta per Francesco I., che avera desiderato d'avere l'originale, se fosse stato possibile ". Mais on peut croire comme aussi vraisemblable, qu'elle fut faite pour quelque grand seigneur français qui, accompagnant ce prince et transporté par l'enthousiasme général que la vue du Cénacle inspiroit, voulut en avoir aussi une copie. Il l'auroit placée dans cette église, à l'exemple du connétable De Montmorenci, qui mettoit dans la chapelle de son château d'*Ecouens*, cette autre copie qui avoit été faite pour lui-même.

vicissitudes auxquelles le pays fut alors en proie (1), auroit duré long-temps ; et cette belle copie n'auroit pu parvenir au monarque avant son retour en Italie, qui n'eut lieu qu'en 1525, lorsqu'il vint reconquérir le Milanez qu'il avoit perdu dans l'intervalle. Il l'auroit reçue dès son arrivé , lorsque, se disposant à faire le siége de Pavie , par lequel il commença, il étoit campé dans l'enclos même des chartreux (2). Les funes-

---

(1) On sait que , la même année , l'empereur Maximilien excité par les intrigues de la cour de Rome qui vouloit que les français fussent chassés d'Italie , y entra, prit Véronne , s'avança dans le Milanez , et vint en assiéger la capitale , de laquelle cependant il fut obligé de se retirer. Charle-Quint , qui lui succéda en 1519 , manifesta dès-lors le dessein de s'emparer de ce duché ; et il y parvint, en 1521, après plusieurs batailles. Les français n'y conservoient plus que le château de Milan , Novarre et Pisightone , qu'ils perdirent aussi en 1524 ; le Pape Léon X. étoit mort, dit-on, du plaisir que lui avoient causé leurs précédentes disgraces . (*Abrégé chronol. du président Hénault* : an 1521).

(2) Voy. , entre autres livres, *Hercules Pro-*

stes suites de la bataille qu'il soutint en
cette rencontre, le malheur qu'il eut d'ê-
tre fait prisonnier par Charle Quint ; et,
par une suite inévitable, la dispersion des
effets qu'il avoit dans sa tente, ou dans son
logement qui ne pouvoit être que chez les
chartreux, expliqueroient fort bien comment
ce tableau a pu devenir leur propriété (1).

---

dicius, seu principis juventutis vita et peregrinatio,
per Stephanum Vinandum Pichium Campensem :
Coloniæ. 1609, pages 233 et 234.

(1) On ne peut pas nous dire que la copie,
qui avoit été bien certainement faite pour François I. (Vasari page 54 ligne 1. Tom. V de l'é-
dit. de Sienne), fut enlevée par Charle-Quint
en cette rencontre ; et que ce soit celle que l'on
voyoit naguères en Espagne dans le réfectoire
des PP. Hiéronymites de S. Laurent de l'Escurial,
dont le couvent ne fut bâti que par Philippe II,
après la bataille de S. Quentin qui n'eut lieu que
vers la fin de 1557. Ce prince, qui fit ensuite
placer chez eux ce tableau, venoit de le recevoir
en présent comme un hommage rendu au goût
qu'il se piquoit d'avoir pour la peinture; et ce
présent lui avoit été fait sans doute par son sculpteur Pompée Léoni qui, revenant d'Italie, lui
fit hommage de sept volumes de têtes des-

Que si nous n'avons pu, sur ce point, sortir de la sphère des probabilités, et dire affirmativement qui est l'auteur de cette magnifique copie, ni indiquer positivement en quelle occasion, et pour quel personnage elle fut faite; la faute en est aux histoires de ce temps là, qui, de l'aveu même de Tiraboschi, sont d'une stérilité désespérante sur ce qui concerne les actions et les œuvres des grands hommes de l'époque dont nous venons de parler (1). Eh! pourquoi, lorsqu'il s'agit de l'origine de ce tableau et des circonstances qui en procurerent la possession

———————————————————

sinées par Léonard qu'il tenoit de la famille de ce François Melzi, auquel ce grand maître, dont il fut le disciple favori, les avoit légués avec six autres volumes semblables, et beaucoup d'autres objets relatifs à son art (Voyez, pour ce qui concerne le sort qu'ils avoient eu, la page 171 des *Lettere su la pittura* Tom. II.).

(1) ,, Sembra quasi impossibile che trattan- ,, dosi d'uomini celebratissimi, e vissuti soli tre ,, scarsi secoli innanzi a noi, in molte cose con- ,, cernenti la loro vita siamo rimasti in una tale ,, incertezza ''. (Tiraboschi : *Storia della lettera- tura italiana.* Tom. VI. Part. II. pag. 391).

aux chartreux, se montreroit-on plus exi-
geant qu'on ne l'est pour savoir les causes
qui firent exécuter et parvenir jusqu'à nous,
tant d'autres beaux morceaux de peinture
que, sans difficulté, l'on croit de tel ou tel
maître, pour la seule raison qu'ils sont dans
sa maniere et dignes de sa réputation ?

L'on est libre, après tout, de n'admet-
tre aucune des trois conjectures historiques
dont on vient de lire l'exposition, comme
on l'est de choisir celles des trois qui plaira
davantage. Il n'en reste pas moins démontré
que notre tableau n'a pas été fait pour les
chartreux (1) ; qu'il est aussi beau, et même
plus savant sous le rapport philologique,
que ne le fut le Cénacle *delle Grazie*;
qu'il offre des traces non équivoques de

---

(1) Il est très remarquable que Vasari, qui
écrivit presque aux temps de *Marco da Oggiono*,
et nous a donné dans son chapitre sur cet élève
de Léonard, le dénombrement des peintures qu'il
avoit laissées, n'a nullement dit qu'il eut fait une
copie du Cénacle pour les chartreux. Cette remarque est de l'auteur même des *Giunte* de l'é-
dition de Rome. (Voyez la page 65 du vol. V.
de celle de Sienne.)

l'inimitable pinceau, ainsi que du savoir immense de Léonard de Vinci; et enfin que, si l'original mérita d'être appelé un *miracle de l'art* : c'est à notre copie, surtout maintenant qu'il n'est plus, à cette copie qui le reproduit non seulement avec les beautés qu'il avoit, mais encore avec d'autres qu'il n'eut jamais ; c'est à cette copie, qui seule en compense la perte, et laisse si fort en arriere toutes les autres, que revient un si bel éloge.

F I N.

APPENDICE

SUR LES DIVERSES COPIES DU CÉNACLE DE LÉONARD DE VINCI.

———————

L'Observation qui vient de nous être faite sur ce qu'il ne manque à notre ouvrage, pour renfermer tout ce qui peut avoir rapport au Cénacle de Léonard, qu'une énumération de toutes le copies qui en ont été exécutées, soit en peinture, soit en gravure, ou autrement ; nous obéissons au desir qu'en même temps, on nous témoigne d'en avoir ici le catalogue (1).

Copies en peinture.

* 1.ᶜ Celle qui vient de faire le sujet d'une partie de notre dissertation. Nous avons d'éjà dit qu'elle est la seule de toutes les anciennes copies, qui soit de la même grandeur que l'original.

———————

(1) Nous marquerons d'une * toutes celles que nous avons vues pendant le cours de notre travail.

* 2.º Une de *Marco da Oggiono*, dans la salle qui servoit de réfectoire aux religieux hiéronymites du village de Castellazzo, situé à deux milles de Milan, en sortant par la porte *Lodovica*, ou la porte Marengo. Cette copie, d'un tiers moins grande que la précédente, est encore assez bien conservée. Nous en avons fréquemment parlé dans le cours de notre ouvrage : et nous ne répéterons pas qu'on y voit des poissons sur la table ; et que la tapisserie de la salle de la cène est en feuillages et fleurs ; mais nous avertirons que ces feuilles et ces fleurs diffèrent de celles qu'on voit dans la tapisserie de notre copie, et que les mêmes portes latérales qu'elle nous représente, sont dans le Cénacle de Castellazzo.

* 3.º Une sur toile, dans le réfectoire de la maison des Orphelins, dite de *S. Pietro in Gessate*, à Milan. Elle avoit un mérite remarquable, mais elle est fort détériorée.

* 4.º Une à fresque dans le réfectoire du couvent des PP. observantins, dits *della Pace*, à Milan ; elle est de Jean Paul Lomazzo, disciple de J. B. *della Cerva* : il n'avoit que 22 ans lorsqu'il la peignit. Le

dessin n'en est pas correct en tout ; la table de la cène est servie suivant ce que
nous avons dit à la note *(2)* de la page
163 : on y voit dans le gros poisson qui
est devant J. C., la figure du *Léviathan*, à
sa gauche celle de l'oiseau *Ziz* ; et un peu
plus loin, le symbole du *Behemot*. Les portes
latérales, ainsi que celle du fond, et les
deux fenêtres, sont remplacées par de petites ouvertures carrées et élevées, presqu'en
forme de lucarnes, ce qui donne à la salle
l'apparence d'un pauvre galetas.

  * 5.° Une autre plus précieuse, quoique
huit fois moins grande que l'original, et
très incomplette : c'est celle dont nous avons
parlé aux pages 27, 52, 149, et qui vient
d'être transportée, du couvent de S. Barnaba, dans le Palais des Sciences et arts de
Milan. Elle est incontestablement de *Marco
da Oggiono*, à qui l'on a prétendu qu'elle
avoit servi de modéle pour le Cénacle des
chartreux, comme pour celui des hiéronymites de Castellazzo : opinion rendue plus
que douteuse par les observations des pages 147. 148. etc.

  * 6.° La copie sur toile que l'on conserve dans l'édifice de la Bibliothéque Am-

brosienne, à Milan, et dont nous avons assez parlé ci-devant, à la page 9.

7.º Une sur toile, qui étoit nagueres dans le réfectoire du monastere de *S. Benedetto*, à Mantoue, et qui vient d'être transportée dans une église du voisinage. Elle est d'un religieux dominicain, Jérome Monsignori, qui s'appliqua, dans ses peintures, à imiter la maniere de Léonard.

8.º Une à fresque, dans le réfectoire de la maison des PP. Franciscains de Lugano. Quelques personnes ont dit qu'elle avoit été faite par Bernardin Lovino; mais la médiocrité de son mérite dément cette opinion.

9.º Une autre à fresque, et non moins inférieure à l'original, dans l'eglise paroissielle de Ponte-Capriasca, près de Lugano. Il en a été souvent parlé dans le cours de notre ouvrage.

10.º Une assez belle, à Paris, où on la voyoit, le siécle dernier, dans une salle dépendante de l'église de S. Germain *l'auxerrois*. Nous ignorons si elle a été déplacée. (Voyez ci-devant page 187). Quelques personnes l'ont cru de Bernardin Levino.

11.º Une autre dans la chapelle du Château *d'Ecouens*, près de Paris, où le

connétable Anne de Montmorenci, par l'ordre de qui elle avoit été faite, voulut qu'elle fût placée. Ce connétable qui avoit com-
battu aux côtés de François I., à la bataille
de Marignan, et qui avoit été fait prisonnier
avec lui, à celle de Pavie, partagea les
sentimens du monarque pour le grand œuvre
de Léonard. Nous ne savons pas sur quoi
s'est fondé l'auteur des *Giunte* de l'édition
de Vasari, publiée à Rome, en 1759, pour
dire que ce fut la copie de S. Germain *l'au-*
xerrois qui servit de modèle au peintre de
celle-ci ; ce que cet auteur-là même rend très
douteux quand il ajoute que celle *d'Ecouens* est
de beaucoup meilleure que l'autre. Elle étoit
encore si bien conservée à l'époque, où il
écrivoit, qu'elle lui sembloit avoir été faite de
son temps. (Vasari , édit. de Sienne, Tom.
V. page 54).

* 12.ᵉ Celle très petite et très ancienne, peinte sur parchemin, de laquelle nous
avons parlé à la page 145. Le P. Pino l'avoit
vue dans les archives du Monastere de S.
Ambroise (*Relaz. Genuin. del Coenac.*
pag. 86); nous l'avons retrouvée entre les
mains du propriétaire de celle des chartreux.

On y voit, comme dans la suivante, les petites portes latérales de la salle du Cénacle.

* 13. L'autre petite, et non moins ancienne, mais peinte sur bois, de laquelle nous avons également parlé à la page 146. Elle étoit, au temps du P. Pino, dans la chambre de l'un de ses confreres (*Relaz. Genuin. del Coenac.* pag. 85); et maintenant elle appartient au propriétaire du Cénacle des chartreux, ainsi que la suivante.

* 14.º Une d'une plus grande dimension peinte à l'aquarelle sur deux feuilles de papier collées ensemble. Son principal mérite vient de son ancienneté qui cependant ne remonte pas si haut que celle des deux précédentes. Comme on n'y voit point cette porte du réfectoire par l'exhaussement et l'élargissement de laquelle les dominicains mutilerent, en 1652, le milieu de la partie inférieure de leur Cénacle, nous sommes portés à croire que cette copie fut faite avant cette époque. On y remarque le petites portes des cloisons latérales du Cénacle, et une tapisserie en feuillages qui est analogue à celle de la copie de Castellazzo.

15.º Une grande, assez belle, en Espagne, dans le réfectoire du couvent des PP. hiéronymites de S. Laurent de l'Escurial. C'est celle qui avoit été donnée en présent au roi Philippe II, et dont nous avons parlé ci-devant, page 190.

16.º Une peinte en miniature, sur vélin, vers la fin du dernier siécle, par le P. abbé Gallarati, patricien milanais, qui en fit hommage au roi de Sardaigne, Amédée III, dans le palais duquel elle se voyoit encore en 1796 (*Relaz. Genuin. del Coenac.* pag 85).

* 17.º Celle que M. le chevalier Bossi vient de faire à Milan, et qui va être copiée en mosaïque dans les mêmes proportions que ce modèle, dont les dimensions égalent celles de l'original. Voyez ci-devant, notre Avant-propos, et le N.º 350 du *Giornale Italiano*, de 1809, feuille du 16 décemb. sous la date de Milan.

N. B. Nous n'avons point parlé de la copie à fresque par Lomazzo, que les derniers éditeurs de Vasari indiquoient, sur la foi de M. le conseiller de Pagave, dans le Monastere Majeur, près de la porte Vercelline, à Milan. Quelques recherches que nous ayons faite dans cette maison pour l'y trouver, il nous a été impossible de la découvrir ; et par le témoignage des plus anciennes religieuses de ce monastere, nous avons acquis la conviction qu'on n'y a jamais eu d'autre cène que celle qui s'y voit encore sur le mur, dans le chœur, au dessus de la porte principale, et qui n'est du tout point une copie du Cénacle de Léonard.

Dessins.

Comme les dessins du Cénacle que Léonard fit, soit avant de le peindre, soit après l'avoir peint, ont survécu à sa destruction, et qu'il est bon d'en conserver du moins la mémoire ; nous croyons qu'il nous sera permis de les mettre à la tête de la liste de ceux qu'on en a faits ensuite.

1.° Le dessin original qui représente l'ensemble de cette belle composition ; il étoit, vers le milieu du dernier siécle, dans la galerie du Roi de France, comme l'affirmoit Mariette dans la 84 des *lettere su la Pittura* ec. (Tom. II. pages 183, 196 et 196). Entiérement dans la maniere de ceux de Léonard, suivant ce que nous avons dit page 177, les ombres en sembloient faites simplément avec du noir de fumée.

2.º Les douze têtes coloriées au pastel par Léonard lui-même, qui sont actuellement dans la galerie du Roi d'Angleterre : nous en avons assez parlé ci-devant, à la page 176.

3.º Un dessin assez ancien du Cénacle, que trop légerement peut-être M. le conseiller de Pagave inclinoit à croire fait par Léonard, ou tout au moins par l'un de ses disciples (Voyez sa note à la page 35 du tome V, de la derniere édition de Vasari : Sienne 1792). Il étoit alors chez M. Joseph Casati, roi-d'armes à Milan, d'où il a passé, dit-on, dans le mains d'un médecin de la même ville. Ce n'est qu'une simple esquisse, faite à la plume, et ombrée avec du noir de fumée.

* 4.º Un autre dessin à la craie rouge, beaucoup moins ancien, et très médiocre, que l'on conservoit néanmoins précieusement dans le couvent *delle Grazie* (*Relaz. Genuin del Coenac.* ec. page 85) : il est maintenant entre les mains du propriétaire de la grande copie des chartreux. Ce dessin paroit avoir été fait dans l'intervalle du temps qui s'écoula entre la mutilation de

la partie inférieure du milieu de la peinture
par l'exhaussement de la porte du réfectoire des dominicains, et l'époque où Belloti fit sa restauration; car on y voit tout-à-
la fois et cet empiètement de la porte réelle,
et les petites portes figurées sur les deux cloisons latérales du Cénacle.

5.° Le dessin que le peintre Théodore
Matteini, de Pistoie, élève de l'habile peintre romain, Dominique Corvi, vint faire à
Milan, en 1795, pour la gravure ordonnée
au célèbre Raphaël Morghen, par le grand
duc de Toscane, Ferdinand III. Quelque
beau qu'il soit, il ne peut être regardé comme exactement conforme à ce que Léonard
avoit peint, puisqu'il ne fut fait qu'à la suite des longues dégradations que l'original
avoit éprouvées, et d'après le travail des
peintres restaurateurs de 1726 et 1770 : aussi n'y retrouve-t on point les petites portes
latérales; et la tapisserie qui y couvre les
deux côtés de la salle, est celle là même
que, depuis 1726, on voyoit dans le Cénacle
delle Grazie.

Nous n'avons parlé qne des dessins connus; il en existe sans doute beaucoup d'autres, faits en manière d'études, par différens

artistes ; mais ils sont ensevelis dans les portefeuilles des particuliers qui les possédent.

Gravures.

* 1.º La plus ancienne, dont la date, et la main, sont inconnues, est celle dont il a été fait mention dans la note de la page 6 de notre ouvrage. Elle est au burin, mal dessinée, et encore plus mal exécutée ; mais, comme le dit Mariette, on y reconnoît plus que dans toute autre, la maniere de Léonard (page 195 du Tom. II. des *Lettere su la pittura* etc.). De ce qu'on y lit sur le devant de la nappe, les paroles du Sauveur: *Amen dico vobis* etc., on auroit tort d'en conclure qu'elles se trouvoient écrites à la même place dans l'original, avant cet exhaussement de la porte dont nous avons parlé ; car la mutilation qui en résulta, n'eut lieu que vers l'an 1652, et si ces paroles y eussent été avant cette époque, le cardinal Frédéric Borromée, qui avoit écrit son *Museum* au commencement du même siécle, n'y auroit pas dit par erreur que c'étoit le *qui intingit mecum* etc., que J. C. prononçoit dans le Cénacle de Léonard (Voy. ci-devant, page 162). Cette gravure a environ 9 pouces de hauteur sur 17 de largeur.

2.° Une presqu'aussi ancienne, et dans les mêmes dimensions que la précédente, mais seulement à l'eau forte. Son auteur a gardé l'anonyme : elle ne pouvoit faire honneur à son talent. Nous ne la connoissons que par le jugement qu'en a porté Mariette (*Lett. su la pittura* etc. Tom. II. page 195).

3.° Celle dont nous avons parlé à la page 57, en disant avec l'auteur des *Giunte* de l'édition de Vasari, publiée à Rome en 1759, (page 54 du tom. V. de celle de Sienne 1792) que la Cène de Léonard avoit été „ intagliata in rame da Pietro Soutman ". Mariette dit, dans la 84 des *Lettere su la pittura* etc. Tom. II. pages 183 et 195 „ que cette gravure a seulement été faite sous la direction de Soutman, disciple de Rubens. Elle n'a pas d'autre mérite, continue-t-il, que celui d'un clair-obscur bien entendu ; quant au dessin, il n'est pas même supportable. De plus Soutman n'a fait graver que la partie supérieure du Cénacle, de maniere que l'autre partie, où sont les pieds des figures, manquant dans cette estampe, la composition de Léonard y perd toute sa grace ; et il faut bien se garder de juger d'une aussi excellente peinture . par une copie aussi infidelle ". Mariette croit qu'elle n'a été faite que d'après le Cénacle de S. Germain *l'auxerrois* :. elle a 10 pouces , 9 lignes de hauteur, sur 36 pouces , 6 lignes de largeur.

4.º Une autre dont parle le même auteur (ibid.), et qui est celle que , vers le milieu du dernier siécle, M. le Comte de Caylus grava lui-même d'après le dessin original que possédoit le roi de France (Voy. ci-devant, au §. *Dessins* , N.º 1). Cette gravure n'est qu'une eau forte ; et l'on n'y voit que les contours sans les ombres , quoique dans le modèle , elles y fussent marquées avec du noir de fumée.. Ses dimensions consistent en 8 pouces de hauteur et 12 de largeur.

* 5.º Une petite, de peu de valeur, gravée par un français , nommé J. Hunin. Le fond de la salle du Cénacle y est fait de caprice, et la table s'y trouve presque dégarnie.

* 6.º Une grande , à la maniere noire, dont la date et l'auteur ne sont point connus. On y voit les portes latérales ; et sur

la table, le plat de poissons. La tapisserie offre de grands arabesques.

* 7.º La gravure faite, en 1778, par M. le Professeur Aspari, d'après le dessin qui étoit chez M. Joseph Casati, et dont nous avons parlé au N.º 3. Elle est précieuse sous ce rapport. On n'y voit que les figures et la table ; rien n'y indique la forme de la salle du Cénacle, et l'on y trouve le plat de poissons.

* 8.º Celle faite, vers la fin du dernier siécle, par Raphaël Morghen, avant lequel le Cénacle de Léonard n'avoit pas encore rencontré un graveur digne de ce bel ouvrage. Elle fut exécutée d'après le dessin de Matteini, et devoit par conséquent différer autant que lui, de ce qu'étoit l'original dans son premier état. Les portes latérales du Cénacle y sont couvertes par la tapisserie moderne qu'on y avoit peinte ; on y voit le plat de poissons ; et les figures y ont tout autant d'expression que Matteini avoit pu leur en donner. Comme ouvrage de gravure, c'est un chef d'œuvre. Le mérite en a été justement préconisé par M. Nicolas Palmieri dans la dissertation qui précéde le catalogue raisonné qu'il a donné des productions de

cet artiste célébre, et qu'on peut lire dans le tom. I. des *Atti dell'accademia italiana di scienze, lettere ed arti* : Part. II. pages 293 et 335. Les dimensions de cette magnifique gravure sont environ de 16 pouces et demi de hauteur, sur 34 de largeur.

* 9.° Une à peu-près de la même grandeur, faite en 1802, par Jacques Frey, élève du sculpteur Franchi, d'après le Cénacle des chartreux, lorsqu'il étoit exposé dans la salle de son maître. Quoiqu'elle soit de beaucoup inférieure en mérite à celle de Morghen, elle est digne d'estime à plusieurs égards, et surtout parce que tous les objets que nous avons décrits, s'y voient dans l'ordre où notre tableau les présente.

* 10.° Une petite, faite par un graveur florentin, nommé Antoine Verico, d'après le dessin de Matteini, ou plutot d'après celle de Morghen. Elle est loin de supposer autant de talent dans son auteur. Il l'a dédiée à S. E. le Cardinal César Brancadoro, archevêque d'Orviette; et ses dimensions sont à peu-près de 4 pouces 8 lignes de hauteur, sur 8 pouces et demi de largeur.

* 11.° Une autre, toute nouvelle, entreprise à Rome par un excellent graveur, nom-

mé Pierre Bonato, qui l'a presque terminée.
Nous en avons vu la première épreuve avec un
très grande plaisir. Faite dans les mêmes
dimensions et sur les mêmes modéles que
celle d'Antoine Verico, elle est infiniment
mieux gravée: on peut la regarder comme le plus joli et le plus parfait abrégé de
la belle estampe de Morghen. Nous croyons
que c'est d'elle que M. Guattani a parlé avec
éloge dans un mémoire *sur l'état actuel des
arts du dessin en Italie,* inséré dans le Tom.
I. partie 2 (pages 269 et 293) des *Atti
dell'accadem. ital. di Scienze etc.* Elle sera
mise incessamment en vente, à Milan, chez
les frere Vallardi, marchands d'estampes dans
la rue S. Marguerite.

* 12.° Toutes les têtes gravées isolé-
ment, et dans les mêmes proportions que
l'original, par Casenave, à Paris, d'après
les dessins de Dutertre, professeur de dessin des Pages de LL. MM. Impériales et
Royales; et dédiées à S. M. la Reine de
Hollande, en 1808. Quoique ces têtes soient
bien dessinées et bien gravées, elles sont
encore loin des modèles. On a lieu de douter que Dutertre les ait tracées devant
le Cénacle *delle Grazie,* quand on le

voit écrire qu'il étoit peint à fresque : l'état où se trouve cette peinture, l'auroit infailliblement détrompé.

* 13.° Quatre têtes d'apôtres, savoir celles de S. Thomas, de Thadée et des deux S. Jacques, gravées à Rome par un auteur qui ne s'est point nommé dans son ouvrage. Elles sont suivant les mêmes proportions que les précédentes ; mais beaucoup moins bien dessinées, et n'ont que les contours sans ombres.

* 14.° Les têtes un peu moins grandes que nature, très bien gravées à la manière du crayon noir, par Auguste Le-Grand, de Paris, d'après les excellens dessins de Le-Barbier l'ainé, peintre de la ci-devant Académie de la même ville.

Tapisseries.

L'éditeur des *Lettere su la pittura* etc. nous dit, (Tom. II page 183, note 2,) qu'en 1757, il a vu à Rome „dans le palais du Vatican une tapisserie qui représentoit le Cénacle de Léonard de Vinci ; mais qu'elle étoit si ancienne, si déchirée, qu'on n'en pouvoit plus faire aucun cas ". Il ne nous paroit pas avoir su d'où elle provenoit ; mais Paul Jove nous l'apprend, lorsqu'il raconte dans le livre XXXI de son *Histoire générale*, que le Roi Francois I, en retour de présens très riches qu'il avoit reçus du pape Clément VII, lui envoya, comme la chose la plus précieuse qu'il pût lui offrir, une belle tapisserie qui représentoit la Cène de J. C. Dans ces derniers tems, on en voyoit une à Rome, sur laquelle le Cénacle de Léonard étoit pareillement représenté; mais comme les personnes qui nous ont dit l'avoir vue, nous ont assuré qu'elle étoit intacte, assez fraiche, et très bien conservée, nous ne présumons pas que ce soit la même dont Paul Jove et l'éditeur des *Lettere su la pittura* avoient parlé.

FIN DE L'APPENDICE.

TABLE

DES CHAPITRES.

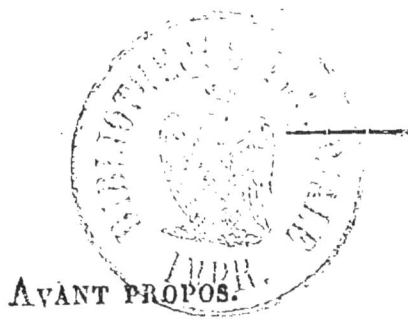

M I L A N,

DE L'IMPRIMERIE DE JEAN SILVESTRI;

Agli Scalini del Duomo N.º 994.

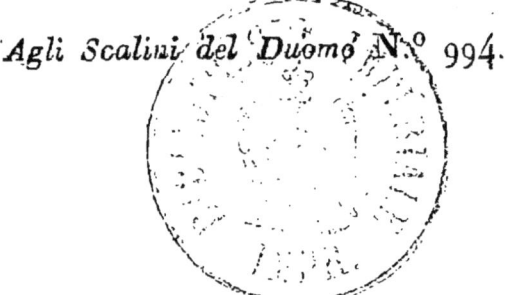